Anselme Turmeda

DISPUTE DE L'ANE

TEXTES ET DOCUMENTS DE LA RENAISSANCE
Direction : † V. L. SAULNIER et A. STEGMANN

6

Anselme TURMEDA

DISPUTE DE L'ANE

Texte établi,
annoté et commenté
par
Armand LLINARES

Ouvrage publié avec le concours
de l'Université de Tours

PARIS
LIBRAIRIE PHILOSOPHIQUE J. VRIN
6, Place de la Sorbonne, V°

1984

© *Librairie Philosophique J. VRIN*, 1984
ISBN 2-7116-0846-8

INTRODUCTION

1) Turmeda, l'homme aux deux visages.

La vie et l'œuvre de Turmeda (1), contemporain de la Guerre de cent ans et du Grand Schisme d'Occident, né chrétien à Palma de Majorque et mort musulman à Tunis, auteur, entre autres, de la *Dispute de l'âne*, sont étroitement liées et l'on peut se demander laquelle de ces deux faces est la plus extraordinaire.

Pour jeter quelque lumière sur la vie de Turmeda, nous disposons d'abord de ses écrits (2), en particulier des derniers, la *Dispute de l'âne*, écrite originellement en catalan, et la *Tuhfat al-arib fi-l-radd ala ahl alsalib,* en abrégé la *Tuhfa*, écrite en arabe et traduite en français par Jean Spiro, sous le titre du *Présent de l'homme lettré* (3). Les deux premiers chapitres de cette œuvre, qui en comporte trois, nous intéressent particulièrement par la relation que Turmeda y fait de sa conversion à l'Islam, même si tout ce qu'il écrit à ce sujet n'est pas à prendre à la lettre. Comme néanmoins bon nombre de faits rapportés par lui sont confirmés par d'autres sources, son propre témoignage demeure précieux.

Anselme Turmeda est né à Palma de Majorque (toujours désignée à l'époque sous le nom de «Ciutat de Mallorca») (4), au milieu du XIVe siècle, en 1352, pour être plus précis, selon les déductions d'Agusti Calvet (5). Il est, comme son compatriote barcelonais Bernat Metge, à la charnière du monde médiéval et de la Renaissance.

Fils unique d'une famille bourgeoise, Turmeda, dès l'âge de six ans, est confié à un précepteur, «savant prêtre», qui, outre sa langue maternelle, lui enseigne la logique et le latin, en s'appuyant, pour ce dernier enseignement, sur les Evangiles (6).

Vers 1366, il est envoyé à Lérida pour y faire ses études à la Faculté des Arts de l'université fondée au début du siècle. Selon ses propres dires, il s'y intéresse surtout à la physique (entendons par là les sciences de la nature) et à l'astronomie, une des disciplines du quadrivium, qui n'excluait pas des opinions sur l'astrologie, d'ailleurs condamnées à Rome à la fin du siècle.

1

Très tôt probablement, il entre chez les franciscains (7) du monastère de Montblanch (province de Tarragone), tout en continuant ses études à Lérida. Son appartenance à ce monastère peut se déduire de quelques faits rapportés dans la *Dispute de l'âne*.

A l'âge de vingt-quatre ans environ, il quitte Lérida et Montblanch pour aller étudier la théologie à Bologne (8), où il a comme professeur un homme réputé pour sa science et sa piété, Nicolas Martel (9). C'est à la fin de son séjour à Bologne (vers 1386) que se place un incident qui va pousser Turmeda, selon ses dires (mais faut-il le croire tout à fait ?), à abandonner le christianisme et à se convertir à l'Islam. Comme son maître lui demande un jour de quoi ont débattu les étudiants en son absence, Turmeda répond qu'ils ont tenté de comprendre les paroles de Jésus : «Après moi viendra un prophète nommé Paraclet» (10). Alors le maître lui explique dans le plus grand secret que le Paraclet est le nom sous lequel est connu Mahomet et que l'Islam est la vraie religion.

Que l'incident rapporté dans la *Tuhfa* corresponde à la réalité, on peut en douter. Quoi qu'il en soit, peu de temps après, Turmeda quitte Bologne pour revenir à Majorque où il passe quelques mois, décidé, dit-il, à se faire musulman. C'est dans ce dessein qu'il s'embarque pour la Sicile, en attendant de pouvoir se rendre à Tunis.

Là, il est fort bien reçu par les chrétiens qui habitent la ville, et, parmi eux les Catalans, particulièrement nombreux à Tunis où leur situation est privilégiée, puisque la milice du souverain, dont le drapeau est aux armes du roi d'Aragon, est surtout composée de Catalans chrétiens (11). Outre les commerçants et les miliciens, se trouvent des religieux dont certains ont pour mission le rachat des prisonniers, pour la plupart capturés en mer. C'est sans doute à ces religieux, dont certains sont des franciscains, que Turmeda a dû se présenter en arrivant à Tunis.

Quelques mois plus tard, Turmeda fait la connaissance d'un musulman nommé Yusuf, médecin personnel du souverain Hafside de Tunis, Abou-l-Abbas (12). Par l'entremise de ce médecin, Turmeda fait part au souverain de ses intentions de se faire musulman. Devant le roi, et en présence de commerçants chrétiens spécialement convoqués à sa demande, il abjure solennellement le christianisme, proclamant : «Il n'y a de Dieu qu'Allah et Mahomet est son prophète».

Le souverain lui accorde des émoluments et lui fait de riches présents quand il épouse la fille d'un notable, dont il aura plusieurs enfants (13). Plus tard, Turmeda devient chef de la douane, emploi qu'il semble bien remplir. Il parle couramment le catalan et l'italien (peut-être sait-il aussi le français ?), et il bientôt une bonne connaissance de l'arabe, ce qui lui permet de se présenter désormais sous le nom d'Abdallah ibn Abdallah «al-tarchuman», c'est-à-dire «l'interprète», une de ses fonctions, comme en témoigne le rôle qu'il joue en 1390, lors du siège de Mahdia par une flotte génoise, accompagnée de navires français.

Après la mort de Abou-l-Abbas, en 1394, son fils et successeur, Abou-Fariz, qui règnera quarante ans, ajoute à ses fonctions, déjà importantes, celle d'intendant du palais (14). Toutes ces charges, il les conservera jusqu'à sa mort.

Que se passe-t-il d'autre jusqu'en 1420, date de la rédaction de la *Tuhfa* ? Apparemment peu de chose aux yeux de Turmeda, si ce n'est, à ce qu'il dit, une tentative avortée de le faire revenir à la foi chrétienne. En réalité, il commence sa carrière d'écrivain en 1398, par une petite œuvre en vers, composée de cent-sept quatrains, le *Libre de bons amonestaments* (15), c'est-à-dire un livre de bons conseils, copie souvent textuelle d'une curieuse œuvrette italienne de la fin du XIIIe siècle, connue sous le nom de *Dottrina dello Schiavo de Bari* (16).

Dans son œuvre, les tout premiers conseils que donne Turmeda sont profondément chrétiens, ce qui ne laisse pas de surprendre de la part du musulman qu'il est devenu :

«Premièrement, puisque tu es baptisé,/ tu croiras que la divinité/ est un seul être en une trinité / de personnes ;/ et que Jésus, fils de Dieu, vit ;/ il est Dieu et fils de David./ Cela est vrai et ainsi le dit / la Sainte Ecriture» (17).

Conseils de bon chrétien assortis cependant de celui de se méfier de certains prédicateurs, franciscains et dominicains entre autres :

«Ce que tu entendras dire te feras,/ mais qu'ils font tu éviteras :/ je le dis de ceux qui ont la tête rasée,/ et portent la barbe» (18).

Quelques strophes bien senties s'appliquent aussi à l'argent (19), véhicule du mensonge et du déshonneur, adoré par tous les peuples, «maures, juifs et chrétiens» (strophe 65).

Rien de bien original dans tout cela, et pourtant, ces strophes qu'on mettait entre les mains des enfants de Catalogne après le catéchisme ont eu un succès populaire qui s'est prolongé jusqu'au début du XIXe siècle (20).

Quelques mois plus tard, toujours en 1398, Turmeda récidive par une œuvre beaucoup plus longue, en vers également, intitulée *Cobles de la divisio*

3

del regne de Mallorques (21), écrite à la demande, dit-il, de marchands majorquins installés à Tunis. Ce qui frappe encore dans cette œuvre, c'est son ton chrétien. Bien plus, c'est avec ostentation que Turmeda écrit dans la strophe finale :

«Oeuvre écrite au palais / en mil trois cent quatre-vingt-dix-huit./ D'où je supplie le Roi de paix / qu'il nous abrite sous son manteau./ Jésus, qui la mort repousse, / avec sa grâce,/ nous donne ensuite / le paradis, avec sa sainte Mère».

Mieux encore. Il n'est plus question de se gausser des religieux ou des clercs : ceux de Majorque sont dignes de tous les éloges ! (22).

Les années passent, paisibles. Turmeda est-il pleinement satisfait de la vie qu'il mène ? C'est ce qu'il prétend dans la *Tuhfa*. Mais pourquoi donc Roger de Montcada, vice-roi de Majorque, délivre-t-il le 16 novembre 1402, à la demande de l'évêque et des notables de Majorque, un sauf-conduit pour «frère Anselme Turmeda, apostat», à qui il offre toute sécurité («guidamus et assecuramus vos, fratrem Encelmi Turmeda, ordinis sancti Francisci confessoris» ?) (23). Turmeda a-t-il fait savoir qu'il était prêt à revenir au sein de l'Eglise, en même temps que dans son pays natal ? La *Tuhfa* est muette sur ce point, comme sur le suivant.

Dix ans plus tard en effet, le 22 septembre 1412, le pape Benoît XIII lui délivre, de Peniscola où il s'est retiré (24), un nouveau sauf-conduit, à la demande, est-il précisé, de l'intéressé lui-même (25). Que Turmeda ne souffle mot de la chose ne prouve pas qu'il ne se soit laissé aller tout au moins à des confidences auprès de compatriotes résidant à Tunis et qu'il ne leur ait pas laissé-là entendre qu'il désirait revenir au pays. Ce faisant, Turmeda est-il sincère ? C'est une autre question, car les occasions de retourner en terre chrétienne ne lui ont pas manqué et ne lui manqueront pas.

C'est le nouveau roi d'Aragon, Ferdinand 1er d'Antequerra, couronné à Saragosse en janvier 1414, qui, la même année, désire répondre favorablement à une demande de «frère Anselme, renégat, résidant à Tunis» (26). Cette demande n'aurait-elle pas pu être portée à la connaissance du roi par Aicard de Mur, gouverneur de Sardaigne, qui, se rendant au couronnement du roi, s'est trouvé contraint de faire escale à Tunis où il a eu d'excellents rapports avec Turmeda ? (27).

Que se passe-t-il encore jusqu'en 1417-1418, date à laquelle Turmeda écrit la *Dispute de l'âne* et jusqu'en 1420, où il écrit la Tuhfa ? Rien de bien particulier, semble-t-il.

Mais la Tuhfa elle-même est une œuvre bien singulière. De ses trois chapitres, les deux premiers, autobiographiques, nous ont fourni quelques renseignements sur la vie, les pensées et les sentiments de Turmeda.

Le dernier chapitre se veut doctrinal. Turmeda y prétend que les Evangélistes ont défiguré la véritable personnalité de Jésus. Il y a aussi trop de discordance entre les quatre Evangiles pour ajouter foi à tout ce qui y est rapporté. D'où une première conclusion : «Non, Jésus n'a pas été tué, on ne l'a pas enseveli dans un tombeau, il n'en est donc pas sorti, ni après un jour, ni après quarante jours» (28).

Quant aux cinq articles suivants de la foi chrétienne, ils sont réfutés un à un. Le baptême est «une de ces choses faussement insérées dans les Evangiles» (29). Le dogme de la Trinité est «chose impossible, contraire à la raison et à la nature». L'incarnation de Jésus est inconcevable, car «Dieu est celui qui n'a à côté de lui ni pareil ni semblable ; il n'est d'autre Dieu que Lui !» (30). L'eucharistie est une institution fabuleuse, puisque l'Evangile de saint Jean ne l'explique pas. La confession enfin n'est pas admissible, puisqu'il n'en est pas fait mention dans les textes évangéliques et que seul Dieu peut pardonner les péchés.

Trois faits sont à noter de surcroît. C'est d'abord une attaque contre le pape : «Le Pape, habitant la ville de Rome, vicaire de Jésus (comme ils (les chrétiens) prétendent), accorde à qui il veut des certificats de pardon des péchés, d'affranchissement de l'enfer et d'entrée au Ciel. En retour de cela, il reçoit de grandes sommes d'argent» (31). C'est ensuite un plaidoyer en faveur du mariage des prêtres et des religieux, car, dit Turmeda, mis à part Jésus et saint Jean-Baptiste, David, Salomon et d'autres prophètes ont été mariés et certains avec plusieurs femmes. Enfin, affirme Turmeda, les preuves de la mission de Mahomet se trouvent dans le Pentateuque, les *Psaumes,* la prédication des prophètes et dans les Evangiles eux-mêmes. Mahomet, c'est, on l'a vu, le Paraclet annoncé par Jésus.

Sait-on en terre chrétienne que Turmeda a écrit cet ouvrage ? Non. Et pendant des siècles on ne le saura pas (32), ce qui peut toujours laisser à penser, du côté chrétien, que Turmeda, «apostat», est demeuré malgré tout fidèle à ses origines. Ce en quoi on n'a peut-être pas tout à fait tort.

Ce que nous savons encore, c'est que le 8 décembre 1421, le jeune roi d'Aragon et de Sicile, Alphonse le Magnanime, envoie la même lettre au fils aîné du souverain de Tunis, au vice-roi et à «frère Anselme Turmeda, autrement appelé le caïd Abdallah» (33), à propos d'un rachat d'esclaves. Ce dernier point prouve l'influence qu'on prêtait au Majorquin et qui était sans

5

doute réelle.

Le 23 septembre 1423, Alphonse le Magnanime écrit de nouveau à Turmeda, mais cette fois-ci en particulier. Il l'appelle «son estimé frère» et lui fait parvenir en même temps un sauf-conduit pour qu'il puisse se rendre sans encombre dans l'un de ses Etats en compagnie de sa famille, en lui garantissant que ni lui, ni les siens ne seront inquiétés à leur arrivée (34).

A partir de cette date, nous ne savons plus rien sur Turmeda. Il est âgé de plus de soixante-dix ans quand il reçoit le sauf-conduit en question. Il a dû mourir peu d'années après à Tunis (35) où il a été enterré et où on peut encore voir sa tombe, au Soukh des Selliers.

Les quelques repères que nous possédons sur la vie de Turmeda montrent que c'était un homme hautement considéré, tant par les musulmans dont il avait adopté la religion et les mœurs, que par les chrétiens qui conticuaient - peut-être à juste raison - à le considérer comme un des leurs. Les souverains hafsides l'ont couvert d'honneurs et les habitants de Tunis ont respecté sa tombe. Du côté chrétien, pape et souverains d'Aragon lui ont porté un intérêt tout spécial, lui ont offert toutes sortes de facilités pour le voir revenir au sein de l'Eglise et dans son pays natal.

Ce qui est le plus extraordinaire, c'est que ce prestige dont Turmeda jouissait de son vivant, grâce à ses mérites personnels, a persisté pendant des siècles dans les deux camps, grâce à ses écrits, unilatéralement connus.

Chez les musulmans, on ne connaissait que la *Tuhfa,* de nombreuses fois recopiée (36), puisqu'on a recensé une quinzaine de manuscrits de l'œuvre, traduite par ailleurs en turc (37). Imprimée également plusieurs fois, cela indique l'importance qui lui a été reconnue en pays musulman.

Chez les chrétiens, c'est surtout le *Libre de bons amonestaments* qui, on l'a vu, a joui d'une grande popularité, au point de faire naître la «légende chrétienne» de Turmeda, qu'on trouve recueillie dans la *Historia de las grandezas de Poblet* (1694), de Balthasar Sayol, ou dans la *Cronica serafica de la santa provincia de Cataluffa* (1738), de Jaume Coll (38).

Selon cette légende, frère Turmeda, du monastère de Montblanch, se laisse persuader par frère Marginet, du monastère de Poblet, d'abandonner la vie religieuse. Tous deux s'enfuient, mais bientôt se repentent et, tandis que frère Marginet se retire dans une grotte proche de Poblet pour y faire pénitence, Turmeda s'embarque pour l'Italie où il compte demander pardon au pape. Capturé par des mulsumans, il est emmené à Tunis où, de force, il abjure le

6

christianisme. Alors qu'un jour il est en train de prêcher le Coran, frère Marginet lui apparaît et l'exhorte à revenir dans le droit chemin. Dès lors, Turmeda se met à prêcher aux musulmans les vérités du christianisme et abjure l'Islam. Ce que voyant, le souverain de Tunis lui tranche la tête avec son cimeterre, ce qui vaut à Turmeda la palme du martyre.

Ce qui est particulièrement extraordinaire, c'est que la double fortune posthume de Turmeda s'est fondée à peu près uniquement sur deux œuvres, l'une écrite en arabe, la *Tuhfa*, l'autre écrite en catalan, le *Libre de bons amonestaments,* chacune d'elles copiée, puis imprimée indépendamment l'une de l'autre.

On reste quelque peu perplexe devant cette situation. Que la *Tuhfa*, écrite en arabe par le musulman Turmeda, n'ait été diffusée qu'en pays musulmans, quoi de plus naturel ? Mais que les autres œuvres du même Turmeda, écrites à Tunis comme la *Tuhfa* n'aient été connues que dans son pays d'origine, il y a de quoi surprendre. La raison en est, bien sûr, que celles-ci ont été écrites dans la langue maternelle de frère Anselme. Mais pourquoi pendant vingt ans (de 1398, date du *Libre de bons amonestaments*, à 1417-1418, date de la *Dispute de l'âne*) écrit-il en catalan, alors qu'il sait l'arabe et que deux ans après la *Dispute* il écrit la *Tuhfa* dans cette langue ? (39).

A cela on peut être tenté de répondre doublement.

En mettant d'abord en doute la sincérité de ses convictions religieuses, chrétiennes ou musulmanes. Il est possible après tout qu'il n'ait pas été à ses débuts un franciscain fervent et que ses convictions premières aient facilement vacillé à Bologne où l'averroïsme padouan avait sans doute des adeptes. Qu'il ait donc embrassé l'Islam, comme un moindre mal ou comme une fuite devant ce à quoi il ne pouvait plus croire, cela est possible. Il est à remarquer que son adhésion à la nouvelle foi n'a comporté aucun prosélytisme en sa faveur pendant plus de trente ans. Durant cette longue période, Turmeda s'est contenté - et ce n'était pas rien - d'être un haut fonctionnaire irréprochable, et c'est seulement à l'approche de l'ultime étape qu'il confie à l'écriture ce qu'il croit être sa vérité depuis des années.

A cette hypothèse plausible s'en ajoute une autre, plus solide, me semble-t-il. Turmeda est un exilé, chez lequel, remarque Marti de Riquer (40), on peut noter une oscillation constante entre le désir de retourner vivre parmi les chrétiens, non par repentir, mais par nostalgie (cette nostalgie qui transparaît encore dans la *Tuhfa* (41), et le manque de volonté pour abandonner une situation brillante et renoncer peut-être à une vie familiale heureuse. Comme tous les exilés, Turmeda est un nostalgique de son pays natal, où se trouvent ses racines profondes, celles dont il ne peut pas se couper, quoi qu'il fasse, alors même que la vie qu'il s'est organisée ailleurs lui a pleinement réussi.

Ne jugeons pas trop sévèrement Turmeda de son «double jeu» (42). Lui-même s'est condamné par avance en écrivant dans sa première œuvre :

> Celui qui en ce monde va simplement,
> sûrement, va en confiance ;
> Dieu a en aversion l'homme
> à deux visages (43).

Ces deux visages ne sont-ils pas à mettre au compte d'un esprit à la fois sceptique et nostalgique, qui, pour se tirer d'embarras, n'hésite pas à passer du sérieux à la parodie, comme il le fait avec maestria dans son œuvre la plus importante et dont il reste à parler, la *Dispute de l'âne*, une œuvre à la destinée encore plus singulière que les autres ?

2) La Dispute de l'âne : un prologue et trois actes.

La *Dispute de l'âne* a été écrite par Turmeda dans sa langue maternelle, le catalan, en 1417-1418. Qu'il l'ait écrite en catalan, cela correspond à sa manière habituelle, celle du *Libre de bons amonestaments* et des *Cobles*, comme on l'a vu, celle aussi des *Profecies*, comme on le verra plus loin. L'original catalan de la *Dispute* a été publié à Barcelone en 1509, sous le titre de *Disputa de l'ase contra frare Encelm Turmeda sobre la natura e noblesa dels animals*. Malheureusement, si nous connaissons ce titre catalan (44), nous ne disposons pas, en revanche, d'un seul exemplaire de cette édition et nous ne savons pas non plus si elle a été ou non suivie par d'autres.

Toujours est-il que la *Dispute* n'est connue maintenant que par sa traduction française (45), publiée pour la première fois à Lyon en 1544, sous un titre qui correspond au titre catalan : *Disputation de l'asne contre frère Anselme Turmeda sur la nature et la noblesse des Animaulx* (46). Le texte de la *Dispute* est précédé d'une préface du traducteur G.L., sans doute un certain Guillaume Lasne, lequel signe Enutrof Ensal, deux mots qui, remis à l'endroit, doivent se lire, d'après R. Foulché-Delbosc (47) : Lasne Fortuné ! Ce traducteur dit bien qu'il a traduit l'œuvre du catalan et qu'il en a éprouvé quelques difficultés : «Aussi que ledict livre est escript en vraye langue Cathalaine qui est fort barbare (sic), estrange, et esloignée du vray langage Castillan par moy quelque peu practiqué». De l'aveu même du traducteur, sa traduction est très imparfaite. Mais qui pourrait en dire les imperfections, puisque nous ne possédons pas l'original, sauf en ce qui concerne la prophétie de l'âne ? Faute de connaître ce texte, c'est donc la version française de 1544 qui sera analysée et publiée ici, accompagnée toutefois de l'original catalan pour ce qui est de la prophétie de l'âne (48). C'est d'ailleurs à partir de ce texte français qu'ont été faits une traduction catalane moderne et un essai de reconstitution du texte original (49).

Sur la date de la *Dispute*, écrite par Turmeda, une remarque est à faire. Dans l'épigraphe initiale de l'œuvre, on peut lire : «Disputation de l'asne contre frère Anselme Turmeda sur la nature et la noblesse des Animaulx, faicte et ordonnée par ledict frère Anselme en la cité de Tunicz, l'an 1417». Cette date de 1417 est répétée dans le cours de l'ouvrage, cependant que l'explicit dit : «Et fut achevée la Disputation dessusdicte par ledict frère Anselme Turmeda, en la cité de Thunicz, le quinziesme jour de septembre, l'an Mil quatre cens dixhuict». On peut admettre une erreur de traduction ou d'impression dans l'explicit, mais il est possible aussi que l'œuvre, commencée en 1417, à une date qui n'est pas précisée davantage, n'ait été achevée que l'année suivante.

La *Dispute*, œuvre en prose, s'ouvre sur un préambule en vers, de frère Anselme, qui expose les raisons qui l'ont poussé à écrire :

> Voyant le monde à tous maulx incité,
> et que chascun vit en lascivité,
> me semble bon vous narrer l'aventure
> qu'ung jour m'advint, estant sur la verdure,
> et cognoistrez par la mienne Dispute
> que l'homme vain est moins que beste brute,
> sinon en tant que la Divinité
> a prins habit de notre infirmité.
>
> (Début du préambule)

Ainsi, la *Dispute* veut montrer l'infériorité de l'homme par rapport à l'animal («l'homme vain est moins que beste brute»), mais en proclamant finalement la dignité particulière de l'homme dont Dieu «a prins habit».

Suit la description, toujours en vers, d'un lieu de délices, comparé au «paradis terrestre» ou au «jardin somptueux des Hespérides tant beau et fructueux». Il y est question de «Phebus», de «Diana la déesse immortelle», et surtout d'un rassemblement d'animaux de toutes sortes, y compris «dragons» et «griffons», mais «fors les poyssons, qui en la mer nageoient». Cela va des quadrupèdes les plus gros (éléphants, lions, tigres) aux animaux les plus insignifiants (punaises, poux, puces), en passant par les oiseaux (aigles, vautours, corbeaux et autres).

Un bref prologue, en prose, explique que ces animaux se sont rassemblés parce que leur roi, un noble lion, vient de mourir, sans laisser d'héritier.

9

Ils sont là, «pour eslire à roy aulcun de ses parens, et ce par le consentement de tous lesdictz animaulx».

Le cheval bayard (50), «aux courtes aureilles», «fort sage, expérimenté et bien emparlé», prend la parole pour faire un éloge attristé de son roi le lion défunt et se livrer à des considérations sur la mort : «O cruelle mort, o fortune amère, nostre joye est perdue, puis que nous a ravy celuy qui estoit guide de nous aultres paovres désolez, et qui nous estoit comme père».

Ce cheval érudit cite Aristote (le «grand philosophe Aristote, qui dictque toutes choses retournent et se résolvent ès choses desquelles elles ont esté composées»). Il demande à tous les animaux présents de faire savoir lequel, à leur avis, des parents du roi défunt, doit lui succéder.

Après diverses interventions, «tous les animaulx d'ung accord donneront leur voix pour faire la dicte élection à ung des principaulx conseilliers dudict roy décédé, appelé le cheval blanc à la selle dorée, lequel estoit fort sage et discret, et fort bien estimé de tous les animaulx, voulans tous d'ung accord que celuy que ledict cheval blanc esliroit pour roy et seigneur, cestuy-là fust leur roy et naturel seigneur».

«Le cheval blanc à la selle dorée» se lève alors et proclame roi un des parents du roi disparu (51) : «Je done à présent, au nom de Dieu tout puissant, esleu, ordonné et confirmé pour nostre roy et souverain seigneur le lyon roux à la longue queue, filz du cousin germain dudict feu roy nostre sire».

Les animaux unanimes acceptent ce choix avec joie : «voicy les animaulx, lesquels tous à une voix crians fort haultement, dirent et accordèrent que ceste élection leur plaisoit et qu'ilz estoient très contens».

Ils sont si heureux qu'ils se mettent, «les ungs à dancer et chanter, les aultres à saulter, les aultres à lutter, les aultres à jecter la pierre ou la barre, chascun selon leur manière et condition». Ils se démènent tant et font tant de tapage et de bruit que frère Anselme, qui dormait dans un pré voisin, se réveille. Il entend alors que le lapin, qui le connaît de longue date (52), l'a découvert et le dénonce au nouveau roi, en lui expliquant que ce «filz d'Adam» est un Catalan, né à Majorque, du nom de «frère Anselme Turmeda, lequel est homme fort sçavant en toute science et plus que assez en astrologie, et est official en la doyne de Thunicz pour le grand et noble Maule Bufret, roy et seigneur entre les filz d'Adam et est grand escuyer dudict roy».

Le lion demande si, par hasard, il ne s'agit pas de ce frère Anselme, si fier de sa science qu'il prétend que les hommes sont plus nobles et plus dignes que les animaux. Sur la réponse affirmative du lapin, le roi réunit ses vassaux pour s'occuper «de ceste beste de frère Anselme». On décide de disputer avec lui pour réfuter l'opinion qu'il défend, «car, disent les logiciens, quand l'homme veult prouver aulcune chose, il ne suffit pas de dire : il est ainsi, mais nous croyons (c'est le roi lion qui parle) qu'il doibt donner quelque fois la prouve pour prouver estre vray ce qu'il dict de nous».

Sur ordre du roi, un des portiers de la cour, «le faulx renard aux jambes tortues», invite frère Anselme, en quelques quatrains bien venus, à défendre ses thèses devant les animaux. Frère Anselme accepte l'invitation en un bref discours, lui aussi en vers, sûr qu'il est de sa victoire :

> Vaillant portier de la court léonine,
> Très voulentiers je feray le voyage,
> Car pour certain sera mon avantage
> De publier la mienne vraye doctrine».

Muni d'un sauf-conduit du roi des animaux, il arrive à la cour. Le lion a appris qu'il soutient la primauté de l'homme sur les animaux, mais il ne peut croire qu'une personne aussi savante que frère Anselme en soit convaincue. Celui-ci proteste en proclamant sa conviction et demande qu'on l'écoute avec calme :

«Je croy fermement et presche que nous aultres filz d'Adam sommes plus nobles et de plus grande dignité que n'estes vous aultres animaulx. Et ne vous soit grief, Seigneur, car je l'entans prouver par vives raisons, s'il plaist à vostre haulte Seigneurie me donner en cela audience, vous suppliant ne vouloir faire contre moy aulcune chose avec fureur ou courroux. Qu'il vous plaise les laisser derrière, et mettre raison et justice en avant. Car le grand sage Caton dict que l'ire empesche l'entendement, en sorte qu'il ne peut discerner la vérité».

Les animaux sont indignés de ces paroles. Mais, défendu par un léopard, «dom Magot à la peau grivelée», frère Anselme pourra parler en toute sécurité. Pour lui répondre, il aura comme contradicteur, comble de dérision, «l'asne roigneux à la queue coupée», «lequel, comme je croy (dit Turmeda), n'eust vallu dix deniers à la foyre de Taragonne».

Alors commence la dispute avec l'âne. Frère Anselme exposera successivement dix-neuf «preuves et raisons» qui, selon lui, montreront la supériorité de l'homme sur les animaux.

A y regarder de plus près, cette dispute s'ordonne en trois actes.

11

Au premier, frère Anselme avancera douze «preuves» de la supériorité de l'homme, malheureusement réfutées sans beaucoup de peine par l'âne (53), à tel point que la victoire semblera revenir à ce dernier et que frère Anselme en sera comme abasourdi. Deuxième acte : Frère Anselme, sortant de sa torpeur, se reprend et avance six nouvelles «preuves» que l'âne réduit encore à néant. Frère Anselme est-il définitivement vaincu pour autant ? Non, car il présente maintenant un argument d'un tel poids qu'il renverse in extremis la situation à son profit, ce que les derniers propos de l'âne confirment de bonne grâce.

Les dix-huit premières «preuves et raisons» de frère Anselme et leur réfutation par l'âne peuvent se résumer ainsi :

1) L'homme est bien fait et bien proportionné, ce qui n'est pas le cas des animaux ; l'éléphant a de grandes oreilles, mais de petits yeux ; le chameau a la queue courte ; les lapins, bien que petits, «ont des aureilles plus grandes que le chameau».

Réponse de l'âne : les animaux ont été créés par Dieu, qui ne peut rien faire d'imparfait. C'est d'ailleurs ce dont témoigne Moïse dans la *Genèse* (54) «où il dict que Dieu voit tout ce qu'il avoit faict, et estoit très bon». De plus, ce que frère Anselme considère comme des imperfections n'en sont pas. Les yeux de l'éléphant, par exemple, ont une vue plus perçante que ceux de l'homme ; «la vertu visive qui est en eulx est tant parfaicte et subtile qu'elle peut veoir de cent lieues loing, s'il estoit en quelque haulte montagne». Quant au chameau, parce qu'il a de longues jambes et qu'il doit vivre «des herbes de la terre, Dieu tout puissant luy a créé le col long, affin qu'il le puisse baisser jusques à terre, et qu'il puisse gratter avecq les dents les extrêmes parties de son corps».

2) L'homme a une mémoire et cinq sens plus parfaits que ceux des animaux.

Réponse de l'âne : nombre d'animaux sont supérieurs à l'homme à ce point de vue. Le cheval et le chien ont une ouïe très fine. L'aigle et le chat ont une vue perçante, sans parler de l'ânesse du prophète Balaam (55). La souris et le scarabée perçoivent de loin les odeurs. Quant à la mémoire, que dire de celle des hirondelles, des tourterelles ou des cigognes qui retrouvent, après de longues migrations, le nid qu'elles occupaient auparavant ? En revanche, le Majorquin qui n'est allé qu'une seule fois à Barcelone, est incapable de retrouver la rue et la maison où il logeait, quand il retourne dans cette ville.

3) L'homme a un savoir, un bon sens et une intelligence qui lui permettent de se bien conduire en privé et en société, en suivant «les voyes justes

12

et bonnes» et en se gardant des «faulses et maulvaises voyes», tandis que les «bestes irraisonnables» n'ont rien de cela.

Réponse de l'âne : les abeilles se gouvernent parfaitement, les criquets migrateurs (56) volent en compagnie disciplinées sous la conduite d'un roi «et nul de leur compagnie n'ose voler jusques à ce que ledict roy volle», les fournis ont une organisation remarquable. Quand elles partent à la recherche de nourriture, elles demandent leur chemin à celles qui reviennent. «Elles s'arrestent et se baisent ainsi que font voz dames Cathelaines quand elles rencontrent aucuns de leur cognoissance en la rue». Les fourmis n'ont-elles pas été données en exemple par Salomon lui-même, qui «dict au livre par luy faict appellé les *Proverbes*, au chap. 6 : O paresseux ! Va-t-en à la formis, et aprens d'elle sens et discrétion, et regarde la peine qu'elle prent en esté pour amasser sa nourriture, a fin que soy reposant en yver se donne plaisir et joye» ?

4) Les hommes mangent des mets délicats et délicieux et boivent des vins exquis.

Réponse de l'âne : vos mets et vos boissons, vous les achetez pour de l'argent. «Et vous ne pouvez avoir l'argent, sinon en grand travail, douleur, tribulation et crainte meslée avec peine». Même quand vous avez amassé de l'argent, vous ne pouvez avoir du pain blanc, «sinon avec grand mal, grand travail et sueur de vostre visage», tandis que «nous aultres mangeons délicatement les viandes, ainsi comme bon froment, orge, aveyne, seigle, mil, febves, pois, lentilles, rys et semblables semences. Et quant aux fruictz, nous mangeons raisins, figues, pesches, abricotz, prunes, pommes, poyres, cerises, grenades, citrons, melons ... et ne mangeons jamais sinon des plus meurs et des meilleurs». Plus encore : les animaux s'alimentent simplement et s'en portent bien, tandis que les hommes paient leur gourmandise et leur gloutonnerie par toutes sortes de maladies, car, dit encore l'âne, vous «souffrez autant de sortes de maladies que vous avez de viandes».

5) Les hommes ont le plaisir d'habiter de vastes demeures, d'assister à de beaux spectacles de danses, de chants, de musique, de porter de riches vêtements ornés de bijoux.

Réponse de l'âne : tous ces plaisirs sont éphémères. Ils ne sont «que fumée qui tantost passe», «car vous aultres avez, en lieu et change du festin et des nopces, le convoy qui se faict quand vous estes mors à vous enterrer ; en lieu de rire les pleurs, en lieu de joye desplaisir, en lieu de chansons les grands crys à la mort, en lieu des grandes maisons et somptueux palaix les estroictes et petites fosses».

6) Dieu a donné aux hommes une Loi et leur a envoyé des prophètes, ce qu'il n'a pas fait pour les animaux.

Réponse de l'âne : «Si l'homme fust demouré en l'estat que Dieu le créa, il n'eust mestier que Dieu luy eust donné Loy, car Dieu le créa juste, pur, innocent et sans péché». Mais, par suite du péché originel, les hommes sont devenus pécheurs et pervers, capables de tous les crimes. C'est pourquoi Dieu leur a donné un loi. S'il leur prescrit de jeûner, par exemple, c'est pour les punir du péché de gloutonnerie. Les animaux, en revanche, n'ont besoin d'aucune loi divine, car ils ne pèchent jamais ; ils sont tels qu'ils ont été créés par Dieu au premier jour. Si Dieu a, par ailleurs, envoyé des prophètes aux hommes, c'est que ceux-ci en avaient besoin, ce qui n'a jamais été le cas des animaux. On ne peut même pas reprocher aux animaux les déprédations qu'ils commettent parfois pour se nourrir. Jésus-Christ lui-même les y a autorisés, en citant l'exemple des oiseaux (57).

7) Les hommes portent de beaux vêtements.

Réponse de l'âne : les beaux vêtements que portent les hommes sont de soie ou de laine. La soie est volée aux vers à soie qui, «par leur grande industrie et sagesse font leurs maisons de soye pour en icelle demourer, dormir et repouser, pous estre chauldement en yver, pour se garder du vent et de la pluye, et pour faire leurs œufz dedans». Quant à la laine, «Dieu l'a donnée aux animaulx pour les garder du froit, du vent et de la pluye». Les hommes n'ont donc pas à se vanter de ce qu'ils volent aux animaux pour leurs besoins.

8) Les hommes ont des rois, princes, ducs, marquis, comtes, barons, seigneurs, prélats, docteurs, philosophes, présidents, conseillers, avocats, procureurs, secrétaires, notaires, poètes, chantres et laboureurs.

Réponse de l'âne : les abeilles, les fourmis, les criquets ont leurs rois. L'aigle est le roi des oiseaux, le lion celui de tous les animaux. Celui-ci devrait être un modèle pour les hommes. Les animaux ont de très bons architectes, les hirondelles et les guêpes. Ils ont des «docteurs, philosophes, rimeurs et beaulx parleurs», mais les hommes ne comprennent pas leur langage, tout comme «faict le Chrestien du Maure et le Maure du Chrestien». Les oiseaux chantent si merveilleusement que, lorsque les hommes font l'éloge d'un de leurs chanteurs, ils disent : «il chante si doulcement qu'il semble ung rossignol». Il est vrai que les animaux n'ont ni secrétaires ni notaires, mais c'est qu'ils n'en ont pas besoin, «car telles gens ne servent sinon pour escripre les procès, plaits et questions» qui surgissent entre les hommes, à la suite de leurs «larcins et rapines».

9) Les hommes sont à l'image de Dieu qui leur a donné trois

14

merveilles «dignes de grande admiration» : une physionomie particulière à chacun, la parole et l'écriture, tandis que les animaux, qui sont faits «à infinies semblances et figures», se ressemblent tous dans chaque espèce, «c'est à sçavoir tous les lyons se ressemblent, tous les bœufs se ressemblent, tous les moutons se ressemblent».

Réponse de l'âne : il est vrai qu'il y a une grande variété d'espèces chez les animaux, mais les hommes ont des idées, des volontés et des opinions très diverses. Il y a parmi eux des juifs, des chrétiens, des musulmans, des Turcs, des Tartares, des sauvages qui n'obéissent à aucune loi, tandis que les animaux passent tous de la même façon et adorent un seul Dieu, celui qui les a créés.

10) Les hommes donnent à manger et à boire aux animaux ; ils les préservent de la chaleur et du froid, des lions et des loups, et les soignent quand ils sont malades.

Réponse de l'âne : ce que font les hommes pour les animaux l'est par pur égoïsme. Sans les animaux, en effet, les hommes mourraient de faim (ils n'auraient ni lait, ni fromage, ni beurre, ni crème ; ils ne mangeraient ni veaux, ni chevreaux, ni agneaux). Ils mourraient aussi de froid, car ils manqueraient de laine et de peaux. «Où est donc la pitié et la miséricorde que vous dictes avoir des animaulx ?», interroge malicieusement l'âne.

11) Les hommes bâtissent des maisons, des tours, des palais et des édifices très divers, grâce à leur intelligence, ce que ne peuvent faire les animaux.

Réponse de l'âne : voyez les abeilles, «comment elles font et édifient joliment leurs maisons par compas, les une à six quarres, les aultres à huict, aultres à triangles, aultres quarrées, et ainsi plus ou moins, selon qu'il leur est mestier ; et les édifient d'une seule matière comme est de cyre». Voyez les araignées, les hirondelles et d'autres oiseaux, comme ils sont habiles, eux aussi, dans l'art de la construction !

12) Les hommes mangent la chair des animaux de la terre, de la mer et des airs. Ils sont donc supérieurs aux animaux.

La belle raison, rétorque l'âne. Si ceux qui mangent les autres leur étaient supérieurs, alors les vers seraient supérieurs aux hommes, puisqu'ils les mangent. On pourrait en dire autant des lions, des vautours, des oiseaux en général, des poissons, des loups et des chiens, car tous peuvent manger les hommes. Et, ce qui est encore pis, ajoute l'âne, «les poux, pulses, punaises, lentes, syrons et aultres seroient vos seigneurs, car tous ceulx y mangent vostre chair».

15

Interviennent alors le moucheron, la punaise, le pou, la puce, le ciron et le responsable de la carie dentaire. Ce dernier dit en particulier : «Frère Anselme, vous sçavez bien combien de travaux et molestes nous vous avons donné l'an passé, tellement que nous avons laissé bien peu de dents dedans la bouche». Et ce que la carie dentaire fait endurer aux rois, aux empereurs et «aultres grands seigneurs» est encore pire.

A ce point de la dispute, frère Anselme se donne un moment de répit pour réfléchir à ce qui vient de lui être asséné par des êtres aussi insignifiants et aussi méprisables. Il aurait dû, pense-t-il un peu tard, accepter d'être vaincu par l'âne, sans attendre de l'être par ces petits animaux, «malostruz, malheureux et meschans», «car encore est ledict Asne de plus grand honneur entre nous aultres filz d'Adam, que ne sont les devant dictz animaulx».

Plongé dans sa méditation, frère Anselme semble vouloir s'endormir. C'est ce que remarque l'âne qui le presse de continuer la dispute.

Celle-ci reprend aussitôt, car, dit frère Anselme, «incontinent que je euz ouy les parolles de l'Asne, je fuz semblable à ung homme qui retourne de mort à vie, et de mortelle maladie en santé ; et me sembloit que ce fust ung ange que Dieu me eust envoyé».

Commence alors un nouvel acte de la dispute, avec six scènes seulement cette fois-ci, mais dont la troisième (c'est-à-dire la quinzième de la dispute) est particulièrement longue.

13) L'âme humaine est immortelle : «Quand nous mourons, l'âme ne meurt point, et avons résurrection, et entrons en paradis, auquel lieu avons gloire infinie. Et vous aultres animaux n'avez rien de cela, car quand vostre corps meurt, vostre âme meurt aussi ensemble, et n'avez résurrection ne gloire».

Réponse de l'âne : frère Anselme a lu les Ecritures, mais ne les a pas comprises ! Or, lire et ne pas comprendre, ce n'est pas lire, comme dit «le sage Cathon». C'est ce qui arrive pourtant à frère Anselme qui n'a pas compris les paroles de l'Ecclésiaste : «Qui est celuy qui sçait si les âmes des filz d'Adam montent en hault, et les âmes des jumens et aultres animaux descendent en bas ?» (58). D'autre part, comment savoir si tous les hommes entreront au paradis après la résurrection ? Il ne faut pas oublier ce que dit saint Mathieu, qu'«il y a beaucoup d'appelés, mais peu d'élus» (59). Il faut se souvenir aussi de ce que David disait au psaume 15 : «Seigneur Dieu, qui sera celuy qui habitera en ton tabernacle, c'est à sçavoir en paradis ? Respond Dieu : Celuy qui chemine sans macule, c'est à sçavoir sans péché» (60). Dans ces conditions, il est certain que la plupart des hommes iront en enfer plutôt qu'au paradis.

14) Les hommes ont été créés à l'image et à la ressemblance de Dieu, les animaux non.

Réponse de l'âne : que les hommes aient été créés à l'image de Dieu n'implique pas que celui-ci ait, comme eux, une tête, des yeux, des oreilles, des mains et des pieds. Il faut entendre autrement la formule de la *Genèse*. Bien qu'il n'ait pas fait d'études à Paris ni à Bologne, l'âne comprend cette formule comme les philosophes, c'est-à-dire que l'homme est un microcosme, un petit monde, dont chaque partie correspond à une partie de l'univers, du macrcosme (61) Il y a ainsi une correspondance parfaite entre les douze orifices de l'homme et les douze signes du zodiaque, entre ses quatre organes vitaux (cerveau, cœur, foie et poumon) et les quatre éléments, entre sa face antérieure et «les parties peuplées et habitées du grand monde», entre la partie postérieure de l'homme et les contrées désertes du monde, entre les âges de l'homme et les saisons, etc.

Il n'y a que l'âme humaine, formée de trois puissances ou facultés (mémoire, entendement, volonté), qui soit à l'image et à la ressemblance de la Trinité divine. Mais cela ne confère nullement aux hommes une quelconque supériorité sur les animaux, car, ajoute l'âne, «non tant seulement Dieu, mais encore les saintz sont faictz à nostre ymage et semblance». C'est ainsi que Jésus-Christ est souvent représenté sous la forme d'un agneau et que les Evangélistes sont eux aussi représentés sous la forme d'animaux.

15) Parmi les hommes il y a des religieux qui abandonnent le monde et ses plaisirs pour mener une vie édifiante, ce qui ne se produit évidemment pas chez les animaux.

Ici, la réponse de l'âne est très longue, puisqu'elle couvre près du tiers de la dispute. Quelques jalons permettront d'en avoir une idée.

Depuis saint François d'Assise, saint Louis de Marseille (62) et saint Antoine de Padoue, aucun franciscain n'a été canonisé, tout comme depuis saint Dominique, saint Thomas d'Aquin et saint Pierre martyr (63), aucun dominicain ne l'a été : preuve que les moines de ces deux ordres ne mènent plus une sainte vie.

Il est inutile de dire comment ils se comportent ordinairement avec les femmes. Toutefois, à la demande de son roi, l'âne parlera de ce que «fit un frère prescheur à une bonne dame se confessant à luy», aventure survenue à Tarragone.

Frère Anselme réplique que tous les religieux ne se comportent pas comme ce confesseur et que celui-ci avait des excuses de succomber aux charmes de sa paroissienne. Adam, David, Salomon et Samson n'ont-ils pas succombé, eux aussi, aux charmes féminins ?

L'âne rétorque que bon nombre d'ecclésiastiques et de religieux sont capables de commettre les sept péchés mortels, «orgueil, avarice, luxure, ire, glotonnie, envie et paresse», et il va le prouver en contant quelques histoires (64).

A Pérouse, l'abbé, homme orgueilleux et débauché, qui dirige la cité au nom du pape, en est chassé par la population. Et maintenant que la ville est «hors de la subjection du clergé», le curé d'une paroisse s'éprend d'une paroissienne, femme dévote et épouse fidèle. Sur les conseils du podestat, le mari se venge du prêtre.

A Palma de Majorque, un dominicain avare confesse un matelot qui lui donne une écorce de grenade en guise de paiement. À Palma encore, un frère mineur avare perd mille réaux, en confiant sa fortune à une religieuse qui la remettra en toute innocence à un souteneur, meurtrier de sa protégée, une Française.

Après l'orgueil et l'avarice, voici la colère. Toujours à Palma, chez les frères mineurs, un Français venu y faire des études, est moqué par trois de ses compagnons, parce que la guenon qu'il avait achetée est morte au bout de quelques jours. La colère monte. Le Français est assommé et tué.

A Cambrille, dans la province de Tarragone, le curé passe pour avoir bonne table. Gourmands et alléchés, deux frères mineurs se font inviter un soir. Le curé leur fait servir des sardines, mais ils parviennent astucieusement à goûter au bon pâté de congre que la bonne avait caché à leur arrivée !

A Falcet, dans la province de Tarragone encore, un frère prêcheur et un frère mineur sont récompensés par le seigneur du lieu pour leur prêche de Noël. Le frère prêcheur, appelé à choisir son présent le premier, demande que lui doit donné le double de ce qui sera accordé au frère mineur. Celui-ci demande deux cents coups de bâton. Son compagnon en reçoit le double !

Frère Anselme convient volontiers que le dominicain a été puni du péché d'envie. Mais il veut avancer de nouveaux arguments en faveur des hommes.

16) Les hommes ont un instinct naturel et une intelligence, tandis que les animaux ne manifestent qu'un peu de discernement.

Réponse de l'âne : les animaux ont autant et plus que les hommes de l'instinct et de l'intelligence. Les preuves en sont innombrables. Les chiens et les chats, par exemple, «par quelle discrétion et diligence portent-ilz leurs petitz d'ung lieu en l'autre, avec leurs dents tant gentement et doulcement qu'ilz ne leurs font point de mal ?». Chiens et chats, «lesquelz quand ilz voyent que par trop manger, le ventre leur faict mal et leur cause douleur, incontinant ilz s'en vont manger plusieurs herbes qui provoquent le vomir et les faict jecter, sçachans que la meilleure médecine qui soit au monde pour guarir de la réplétion de l'estomach est le vomir».

17) Les hommes sont plus propres et ont une meilleure odeur que les animaux.

Réponse de l'âne : les animaux fournissent bien des parfums aux hommes. Ces parfums sont d'ailleurs des résidus, des déchets, tels le musc qui est du sang coagulé, la civette qui est de la sueur, l'ambre qui est «fiante de nos animaulx». «De votre fiante, il n'en fault point parler, car vous-mesmes vous en estouppez le nez et vous en vient grand horreur et abomination. De la nostre c'est ambre, lequel vous aultres mangez en plusieurs médecines, et le mettez en boutons d'or et d'argent affin que vos vestemens ayent bonne odeur».

Les animaux ne sont pas les seuls à fournir des parfums aux hommes, «les arbres, herbes et plantes» aussi, et l'âne veut en parler.

D'après les philosophes, les hommes seraient des arbres renversés, des «arbres célestes». Mais quelle supériorité des «arbres terrestres» sur les hommes ! «Regardez vous aultres qui estes arbres célestes, quand il advient que par la chaleur du soleil ou du feu estes eschauffez, quelle sueur sort de vous, et quelle odeur elle a. Et regardez les roses, fleurs d'oranges, fleur de meurte, quand elles sont eschauffées par la chaleur du feu en l'alambic, quelle sueur il sort d'elles, et quelle odeur elle a davantage». Il en est ainsi des huiles qui «ont en elles plusieurs et diverses propriétez et vertus, qui valent à plusieurs et diverses maladies», des «nobles et précieuses gommes», comme le benjoin, l'encens, la myrrhe, la résine. Par ailleurs, les arbres produisent de beaux fruits qui «sont de gentes couleurs, bonnes odeurs et souveraines saveurs», comme les oranges, citrons, pommes, poires «et aultres semblables», auxquels s'ajoutent les épices : poivre, cannelle, aloès, santal. Même l'arbre sec, bon seulement à faire du feu, est encore très utile, puisque «du feu qu'il faict il s'en suit beaucoup de proffit et utilité, ainsi comme oster la corruption de l'air, eschauffer ceulx qui ont grand froid, cuire les viandes, faire clarté en l'obscurité et donner vie au monde. Car sans feu, nul ne pourroit vivre, et le feu ne pourroit vivre au monde si n'estoient lesdictz arbres».

18)   Les hommes ont inventé plusieurs sciences, et tout spécialement l'astrologie, grâce à laquelle ils peuvent connaître «plusieurs choses à advenir», ce qui n'est pas le cas des animaux, qui ne connaissent que le présent.

Réponse : après avoir lu la prophétie de frère Anselme sur ce qui devait arriver en Aragon, en Catalogne, en Toscane, en Lombardie et en d'autres contrées, après y avoir lu que le schisme cesserait et que règnerait un vrai pape de la famille des Colonna (65), l'âne a eu envie de faire à son tour une prophétie, en vers, elle aussi (66), avec l'autorisation de son roi, le lion, il la récite, «avec grande audace, parlant fort haultement».

Pour tous les animaux présents, la cause est entendue : la prophétie, en vers, elle aussi (66). Avec l'autorisation de son roi, le lion, il la récite, «avec grande audace, parlant fort haultement».

Pour tous les animaux présents, la cause est entendue : la prophétie de l'âne «est plus vraye et plus subtile» que celle de frère Anselme. Quant à celui-ci, il proclame :

«Seigneur Asne, en vostre prophétie n'a que redire, et est fort subtilement posée et ordonnée, parlant fort obscurément, ainsi comme est la coustume des astrologues ; car ilz ne veulent que les jugemens des planettes, lesquelz ilz posent et ordonnent à grand travail d'entendement, soient entendus par les lecteurs sans aulcune fascherie».

L'âne triomphe donc jusqu'à présent. Mais tout n'est pas encore joué, et, sur l'invitation de son contradicteur, frère Anselme va pouvoir avancer sa dernière preuve. Grâce à cette ultime «raison», on va assister à un renversement subit de la situation et à la victoire finale de frère Anselme.

Voici donc cette dernière «raison» : Dieu tout-puissant a voulu s'incarner et il s'est fait homme. «La parolle a esté faicte chair et a habité entre nous», comme l'a dit saint Jean au chapitre premier de son Evangile et comme l'a répété saint Augustin (67).

De ce fait, frère Anselme, «nostre dignité surmonte toute aultre dignité et honneur ; parquoy c'est saincte et juste raison que nous soyons vos seigneurs et vous nos vassaux et subjectz». Cela est d'ailleurs conforme à ce que disait déjà le roi David (68).

L'âne confesse que depuis le début de la dispute, il appréhendait cette «raison» qui constitue incontestablement un argument décisif en faveur de l'homme. Il gardait quelque espoir de ne pas l'entendre de la bouche de frère

Anselme, car lui dit-il, il y a bien longtemps «que n'avez rien veu ne leu en aulcuns livres de saincte Escripture, ainsi comme est ceste autorité qui est mise au premier chap. de *Genèse*, qui dict que Dieu tout puissant dict à Adam et Eve : Croissez et multipliez et remplissez la terre, et la subjuguez et seigneuriez ; et seigneuriez sur les poissons de la mer, et les oyseaulx du ciel, et sur toutes les choses qui ont âme et qui se remuent sur la terre».

Aussi l'âne conclut-il :

«Parquoy, maistre très révérend, ne pouvant ne voulant résister ne contester contre la vérité, je vous accorde que les filz d'Adam sont de plus grand noblesse et dignité que nous aultres animaulx, et que Dieu tout puissant nous a créez pour vostre service, et en cela a faict le bon Seigneur grand honneur à vous aultres, et à nous n'a faict tort ne oultrage, car toutes ses œuvres sont droictes, justice et vérité».

La dispute achevée, le lion s'adresse à frère Anselme pour reconnaître comme véritable la supériorité des hommes sur les animaux. Toutefois, il le prie d'intervenir auprès des fils d'Adam pour qu'ils aient désormais en estime les «pauvres» animaux, ce dont ils seront récompensés par «celuy qui vit et règne par tous les siècles».

Frère Anselme prend alors congé des animaux, et, «chevauchant avec grand plaisir et consolation», retourne chez lui.

3) Sources et originalité de la Dispute.

Depuis bon nombre d'années on s'est interrogé sur l'originalité de la *Dispute de l'âne* et, bien entendu, on en a recherché les sources éventuelles.

Selon Miguel Asin Palacios, la plupart des arguments qu'on y trouve tirent leur source d'un apologue oriental (69), figurant en appendice d'un traité de zoologie, qui constitue lui-même la vingt-et-unième partie d'une encyclopédie composée au Xe siècle à Bassora (Irak actuel) par des musulmans hétérodoxes, connus sous le nom de Frères de la pureté (70).

Cet apologue raconte la dispute organisée par des animaux, devant un tribunal de génies, mettant en accusation les hommes pour les avoir soumis à l'esclavage sous le faux prétexte de leur supériorité. Au cours de la dispute, dix séries d'arguments sont présentées en faveur des uns et des autres, et, la dispute terminée, le roi des génies, qui préside le tribunal, proclame la supériorité des hommes.

Selon Miguel Asin Palacios, on retrouve ces dix séries d'arguments dans la plus grande partie des propos tenus dans la *Dispute de l'âne*.

Que Turmeda ait emprunté à un conte oriental l'idée d'une dispute entre l'homme et les animaux, cela peut, certes, s'admettre. Malheureusement, cela ne permet pas d'aller au fond des choses.

Comment, par exemple, expliquer que Turmeda ait porté son choix sur un âne pour en faire son interlocuteur privilégié ? Comment expliquer aussi le caractère profondément chrétien de la *Dispute*, et en même temps la satire antimonastique et anticléricale contenue dans la quinzième «raison» ? Enfin, comment expliquer que la prophétie de l'âne ne s'intéresse qu'aux événements de l'Europe occidentale et en particulier à ceux de l'Aragon et de la Catalogne.

Autant de questions qui méritent considération. Et, pour commencer, le choix de l'âne.

Depuis Apulée, ce modeste animal a sa place dans la littérature. Chez Machiavel et Firenzuola, l'homme se métamorphose une fois de plus en *Ane d'or*. Plus près de nous, avec *Platero y yo*, de Juan Ramon Jimenez, l'âne devient le compagnon rêvé pour l'homme.

L'âne de la *Dispute* est autre. Il porte en lui toute la misère et tous les malheurs dont le fabuliste a chargé Maître Aliboron. Ici, il est «ung meschant et malheureux asne tout escorché, morveux, roigneux et sans queue, lequel (...) n'eust valu dix deniers à la foyre de Tarragone». Mais pourquoi Turmeda fait-il de «cestuy trupelu et malheureux asne» son interlocuteur privilégié ? Est-ce simplement par dérision, pour bien montrer que son œuvre est une bouffonnerie sans importance où les propos rapportés n'ont guère de signification ? Voire, comme aurait dit Rabelais.

Car les propos de la *Dispute* concernent, à n'en pas douter, la triste condition de l'homme, «moins que beste brute», si la Divinité n'avait pris «habit de nostre infirmité».

Alors, cet âne misérable est-il qualifié pour donner à frère Anselme une leçon d'humilité, en lui faisant toucher du doigt toutes les faiblesses de l'homme ? Oui, certes, parce que lui-même est malheureux et, parce que, aussi, son aspect misérable cache une certaine noblesse qui lui permet d'être, en quelque sorte, l'égal de l'homme.

C'est ce que Turmeda nous dit vers le milieu de la *Dispute*, au moment où frère Anselme est assomé par les arguments de ces minuscules et détestables animaux que sont la mouche, le moucheron, la punaise, le pou, la puce, le ciron, et au nombre desquels figure le responsable de la carie dentaire.

«J'ay bien esté peu avisé, et encore moins sage, dit-il, que je ne me suis donné pour vaincu à l'Asne ... car encore est ledict Asne de plus grand honneur entre nous aultres filz d'Adam, que ne sont les devant dictz animaulx».

Cela est évident. Mais il y a plus et c'est ce qui fait de l'âne un animal noble entre tous. De tout temps, les prophètes l'ont choisi comme monture et, parmi eux, Balaam a eu la vie sauve grâce à son ânesse, capable de discerner les réalités spirituelles, «ainsi que font les anges» (71). C'est sur un âne que la Vierge Marie a fui en Egypte, en compagnie de Joseph et de Jésus. Mieux encore, «nostre Seigneur Jésus-Christ, filz de Dieu éternel, entra sur un asne en Hiérusalem».

Le choix de l'âne, en apparence dérisoire, est donc au fond très significatif. Monture des prophètes, de la mère de Dieu et de Dieu lui-même, capable, comme les anges, de percevoir les manifestations d'ordre spirituel, l'âne est, sous son aspect misérable, digne de converser avec l'homme et de lui donner des leçons.

Tel était Socrate, semblable à ces boîtes à pilules nommées Silènes, «parce que, le voyans au dehors et l'estimant par l'exteriore apparence, n'en eussiez donné un coupeau d'oignon, tant laid il estoit de corps et ridicule en son maintien ... ; mais ouvrant ceste boyte, eussiez au dedans trouvé une céleste et impréciable drogue...». Et la *Dispute* n'est pas une simple farce burlesque, mais elle contient ce que Rabelais voudra qu'on découvre dans son *Gargantua* : «Lors, dira-t-il, congnoistrez que la drogue dedans contenue est bien d'aultre valeur que ne promettoit la boîte, c'est-à-dire que les matières icy traictées ne sont tant folastres comme le titre au-dessus prétendoit» (72).

Deuxième point. On se souvient que, pour faire pencher la balance au profit des hommes, Turmeda doit avancer une preuve supplémentaire, la dernière, qui complète avec bonheur la quatorzième preuve que l'âne avait réfutée sans mal, comme les autres.

Or, que disait la quatorzième preuve ? Que les hommes ont été créés à l'image de Dieu, les animaux non. Comment l'âne avait-il réfuté les allégations de frère Anselme ? En faisant appel aux souvenirs de celui-ci, quand il était étudiant en théologie, et surtout en donnant sa propre interprétation de l'Ecriture, en accordant seulement que l'âme humaine et ses trois facultés sont à l'image de la Trinité divine. L'âme alléguait aussi le fait que Jésus-Christ est souvent représenté sous la forme d'un agneau. On comprend que cette argumentation ne figure pas dans l'apologue oriental, car tout cela est chrétien, comme l'est l'ensemble de la *Dispute*.

Il n'est que de souvenir du préambule, où il est dit, comme on l'a déjà vu, que «la Divinité a prins habit de nostre infirmité», ce qui constituera à la fin de la *Dispute* l'argument décisif pour assurer la supériorité des hommes sur les animaux.

On notera aussi l'invocation constante de Dieu, «le hault Seigneur de gloire». Ce Dieu c'est celui qui s'est incarné en Jésus-Christ, ce n'est pas Allah, qui n'est cité qu'une fois et dans une circonstance pour le moins curieuse. Dans la quinzième «raison», sur laquelle il faudra revenir, il est dit qu'à Pérouse, le curé d'une paroisse était si épris d'une de ses paroissiennes que, lorsque, disant la messe, il l'apercevait, il se troublait si fort qu'il prononçait le nom d'Allah au lieu de *Dominus vobiscum* ! Nous sommes en pleine parodie, mais le comportement du prêtre mérite-t-il un autre traitement ?

L'atmosphère chrétienne est si patente dans la *Dispute* qu'on doute vraiment si c'est un musulman qui en est l'auteur, d'autant plus que celui-ci se désigne toujours sous le nom de religieux chrétien «frère Anselme». Si, à propos de l'expression «fils d'Adam» qui désigne les hommes, on pouvait avoir quelque hésitation, puisque cette expression est commune aux juifs, aux chrétiens et aux musulmans, il ne saurait plus y en avoir devant l'abondance des «autorités» scripturales, accompagnées parfois de références aux auteurs de l'antiquité classique. Très fidèlement, il est question de la *Genèse* (raisons 1, 14, 19), des *Nombres* (raison 2), de Salomon et de ses *Proverbes* (raisons 3, 13), de *l'Ecclésiaste* (raison 13), de David et de ses *Psaumes* (raisons 13, 19), ou mieux encore, de Jésus-Christ, cité de nombreuses fois (raisons 6, 9, 12, 14, 15), avec des références aux *Evangiles* et aux Evangélistes.

D'où Turmeda a-t-il tiré ces «autorités» ? On est tenté de répondre tout simplement de la *Bible*, qu'il connaissait sans doute bien. Mais comme ces «autorités» viennent toujours à point pour mettre en valeur telle ou telle vertu animale, on est en droit de se demander si Turmeda ne les a pas tirées plutôt de quelque recueil où elles se trouvaient déjà associées à des considérations sur la nature des animaux, bref, dans un de ces *Bestiaires* si nombreux au Moyen Age.

Chose curieuse, Turmeda lui-même semble nous indiquer à un moment donné une source à laquelle il a puisé. Mais le fait est passé inaperçu. Cela demande explication.

Dans la *Dispute*, deuxième raison, au sujet «du tiers sens corporel de l'animal», c'est-à-dire de son odorat, l'âne dit à frère Anselme : «Et encore le maistre des *Propriétez* (c'est moi qui souligne) donne plus grand tesmoignage de cecy, qui est fils d'Adam comme vous, disant que le vaultour sent les choses mortes de cent lieues loing».

Par «maistre des *Propriétez*», il faut entendre, sans risque d'erreur, Barthélémy l'Anglais, dont on sait que c'était un franciscain du XIIIe siècle et qu'il est l'auteur du *Liber de proprietatibus rerum*, vaste encyclopédie en dix-neuf livres. L'ouvrage a connu un succès immense (73), attesté par de très nombreux manuscrits latins et par l'abondance de traductions en langue vulgaire, datées pour la plupart du XIVe siècle. C'est ainsi que l'on connaît entre autres une version italienne (de 1309, par Vivaldo Belcazer), une version provençale (anonyme, de la fin du XIVe siècle) (74) et une version française (de 1372, par Jean Corbechon), sous le titre du *Grand Propriétaire de toutes choses*.

Faute de connaître la version que Turmeda a pu avoir entre les mains, je ferai référence à l'édition de la version française de 1554 qu'il m'a été donné de consulter à le Bibliothèque Nationale de Paris) (75), (en la citant sous le titre abrégé de *Propriétaire)*.

Sur les dix-neuf livres que comprend l'ouvrage, deux d'entre eux traitent des animaux : le douzième a pour sujet les oiseaux (parmi lesquels figurent les abeilles ou mouches à miel), tandis que le dix-huitième concerne les «bestes» (parmi lesquelles on retrouve les abeilles) (76). Quant aux arbres et aux plantes, auxquels la *Dispute* consacre une partie de la raison 17, ils font l'objet du dix-septième livre.

Sans entrer dans le détail (des références au *Propriétaire* seront indiquées dans les notes de la *Dispute*), deux ou trois exemples montreront l'inspiration possible de certains propos contenus dans la *Dispute*. Et d'abord, celui où il est question de l'odorat du vautour. Au chapitre 36 du douzième livre, le *Propriétaire* écrit que, selon Pline auquel il renvoie, les vautours «ont bon sens d'odorer et sentent les charongnes de loing, car si les vaultours sont deçà la mer, ilz sentent les charongnes qui sont dela la mer» (fol. 1o8v).

S'agissant des fourmis (*Dispute*, raison 3), le *Propriétaire* cite, lui aussi, les *Proverbes* de Salomon (Livre XVIII, chap. 51, fol. 190v).

Troisième exemple. Dans la *Dispute*, raison 14, l'âne explique que chez l'homme, c'est son âme qui est «faicte à l'ymage et semblance de nostre Seigneur Dieu». L'idée est certes courante au Moyen Age, mais on la trouve particulièrement bien précisée dans le *Propriétaire*, livre III (De l'âme raisonnable), chap. 13 : «L'âme raisonnable entre toutes les creatures est expressement representative de l'ymage et semblance de Dieu, et cecy est pour tant qu'elle est rriple en puissance de Dieu, et une et simple en nature» (fol. 14v).

Mieux que d'une source orientale, il semble que Turmeda ait tiré bon nombre de ses arguments de sources européennes et que l'une d'entre elles est celle qu'il indique lui-même, le *Livre des Propriétés* (77), ouvrage d'un franciscain, qu'il a probablement eu l'occasion d'avoir sous les yeux au cours de ses études ou plus tard.

Mais cette source n'est sans doute pas la seule. Il en est d'autres qui transparaissent dans les propos de Turmeda et dans les «autorités» qu'il avance pour les appuyer.

Dans la *Dispute*, raison 15, pour excuser le comportement de frère Juliol (ou Juliot) vis-à-vis de dame Tècle, frère Anselme prétend que «le péché de luxure est tant naturel qu'il n'y a homme au monde, si ce n'est par spéciale grâce de Dieu, qui s'en puisse excuser». Et de citer Adam, David, Salomon et Samson qui ont succombé aux charmes des femmes. Ces épisodes bibliques sont évidemment connus de tous. Mais on les retrouve aussi dans des recueils de *Proverbes*, en compagnie de citations tirées d'auteurs profanes, comme Aristote ou Caton. Pour ce dernier, on le sait, il s'agit du supposé Denys Caton, auteur de *Distiques* (78). L'un de ces recueils de *Proverbes* a pour auteur un Majorquin, nommé Pach ou Pachs. Autrefois au service de Jean 1er d'Aragon, il s'est retiré dans son île natale après la mort du roi, survenue en 1395, et y a écrit une *Doctrina moral* (79).

Pourquoi ne pas penser que Turmeda a pu connaître l'œuvre de son compatriote ? D'autant plus qu'on y retrouve David, Salomon et Samson (80) ou telle citation de Caton rapportée dans la *Dispute* (81).

D'autres recueils de ce genre existaient, desquels Turmeda a pu tirer sentences et proverbes. Il faut aussi admettre que Turmeda, homme instruit, a inséré dans son œuvre un certain nombre de connaissances emmagasinées dans sa mémoire et dont il est difficile et même impossible de localiser les sources. Cela constitue une partie de l'originalité de notre auteur.

Il en est une autre. C'est son attitude antimonastique et anticléricale, qui ne contredit d'ailleurs pas forcément le caractère chrétien de la *Dispute*, mais en accentue seulement l'allure parodique.

Comme le remarque Marti de Riquer (82), les historiettes que conte Turmeda pour montrer les turpitudes des religieux ont pour cadre des contrées, des villes et des villages bien connus de lui. De plus, certains des personnages mis en scène ont réellement existé, tels frère Poncet et frère Jean Pimeno qui, dit l'avare frère Cytgès, «me font continuellement assaulx et tempeste, affin que je leur ayde de mon argent, à quoy faire ne suffiroit toute la mer» (*Dispute*, raison 15), personnages déjà cités dans les *Cobles de la divisio del regne de Mallorques* (83).

Ce cadre et ces personnages réels rendent vraisemblables les aventures contées par Turmeda, d'autant plus que sous l'identité de frère Anselme, il ajoute : «Me souvient de ce faict, et estoys fort jeune lors que cela fut faict ; et me souvient que deux des religieux s'en fuyent, et l'aultre, c'est à sçavoir frère Matthieu Ponce, fut prins, justicié et condamné à prison perpétuelle» (*Dispute*, raison 15). Ou bien, c'est l'âne qui précise : «Frère Anselme, en vostre cité de Mallorques estoit un frère mineur, nommé par son nom François Cytgès, lequel je croy que encore y soit-il aujourd'huy que nous comptons 1417» (*ibid.*).

Mais, «si le vrai peut quelquefois n'être pas vraisemblable», le vraisemblable et le vrai ici ne doivent pas nous abuser. Que le cadre des aventures contées soit réel, que certains des personnages mis en scène ne soient pas inventés par Turmeda, tout cela n'implique pas que bon nombre d'autres personnages et non des moindres ne le soient pas, de même que les faits qui leur sont imputés. Turmeda, comme Rabelais le fera plus tard avec plus de verve encore, mêle volontiers la réalité à la fiction pour rendre plus crédible ce qui n'est peut-être que farce risible, comme l'étaient déjà les contes du *Décaméron*.

Pourquoi donc ces historiettes ? Vengeance d'un ex-moine, passé à l'Islam et qui aurait des comptes à régler avec d'anciens compagnons ? Sans doute pas. Turmeda ne manifeste aucun mépris ni aucune prévention contre les moines en particulier. Il cite volontiers les frères mineurs et les frères prêcheurs qui ont été canonisés, preuve indiscutable de leur sainteté. Mais les temps ont changé - ce qui est bien vrai - et la vie que mènent aujourd'hui (en 1417) quelques moines, comme celle que mènent certains prêtres, évêques et abbés, est moins édifiante, et, pour tout dire, il faut donc se garder de les donner en exemple de dignité.

Si ces historiettes révèlent chez Turmeda une satire antimonastique et anticléricale, celle-ci ne contredit pas l'atmosphère chrétienne de la *Dispute*. A peine esquissée dans le *Libre de bons amonestaments*, elle était absente des *Cobles*, œuvre de la même époque (1398) et destinée au même public. Si elle s'accentue ici, au point d'occuper une place de choix dans la *Dispute*, ce n'est pas à la suite d'un changement foncier des convictions de Turmeda. Il faut voir plus simplement, semble-t-il vouloir dire, que, si l'on parle de dignité, de rigueur de vie chez l'homme, ce n'est pas toujours chez les moines

27

ou les clercs qu'on peut les y trouver.

D'autre part, il serait maladroit de prendre au pied de la lettre tout ce qui nous est conté ici, comme ailleurs dans la *Dispute*. Que bien des noms cités soient ceux de personnages ayant vraiment existé ne rendent pas crédibles pour autant les faits qui leur sont prêtés. Il n'est que de se souvenir de l'aventure que nous conte le lapin au début de la *Dispute* pour nous convaincre que nous sommes ici dans le parfait domaine de la farce, ce qui n'empêche pas, comme chez Rabelais plus tard, que nous ne puissions extraire de ces plaisanteries burlesques quelque «substantifique» mœlle (84).

Et puis, ces références au pays natal, au temps de sa jeunesse, prouvent surtout un autre fait déjà évoqué chez l'homme Turmeda. Avant d'être un converti à l'Islam, il est un exilé, un exilé qui reste profondément enraciné dans sa terre d'origine, comme le montre son commentaire de la prophétie de l'âne où il nous dit à propos du trente-deuxième quatrain : «D'après la disposition du ciel, il y aura sur *notre terre*, c'est-à-dire dans le royaume d'Aragon, une longue guerre (85). Plus loin, commentant le quarante-septième quatrain, il parle de *«Notre Catalogne»* (86), ce qui correspond à «La vostra Catalunya» de l'âne, mal rendu par la traduction française dont nous disposons.

Turmeda se vante de ses connaissances en astrologie et de ses prophéties. Celles-ci ne concernent que le monde chrétien qu'il connaît bien ou dont il entend parler fréquemment. A la fin de la *Dispute*, l'âne, on l'a vu, reprend frère Anselme (mais n'est-ce pas Turmeda qui s'exprime également par ces deux voix ?) qui se vante de sa science astrologique. De cette science «ung peu obscure» que peut-on tirer ? Sans doute peu de choses. Mais on remarquera que l'auteur s'y exprime en chrétien, obsédé qu'il est par le schisme qui prend fin justement en cette année 1417, avec l'élection d'un Colonna (connu comme Pape sous le nom de Martin V).

Notons en passant que la France vit à cette époque de la guerre de Cent ans ses heures les plus sombres. Ne nous étonnons donc pas que la prophétie de l'âne prévoie sa ruine et le triomphe de l'Angleterre (strophes 3 et 4) : «La vertu divine/ Soubz noire courtine/ Donnera ruyne/ A la gent Françoise. // Lor sera soubmise/ La gent de franchise/ Par royalle guyse/ D'Angleterre».

4) La présente édition.

Elle reproduit le texte de la première édition française, avec la préface du traducteur. La version française de la prophétie de l'âne est accompagnée de la version originale catalane, contenue dans le manuscrit 336 de la Bibliothèque de Carpentras, déjà éditée deux fois.

A la différence de la reproduction qu'en a procurée R. Foulché - Delbosc dans la «Revue Hispanique» de 1911, le texte de la *Dispute* publié ici comporte quelques amendements qui tendent à en faciliter la lecture.

La ponctuation a été rendue plus conforme à l'usage actuel et l'emploi des accents et signes diacritiques, hésitant dans le texte publié en 1544, a été généralisé. En revanche, l'emploi, abusif et fantaisiste, de majuscules initiales dans nombre de noms communs, a été considérablement réduit. En ce qui concerne les fautes d'impression, elles ont été corrigées chaque fois que cela a été possible, sans indication particulière, quand il s'agissait de coquilles manifestes, et signalées, chaque fois qu'elles affectaient des mots entiers ou des expressions. Enfin, pour plus de commodité, les dix-huit premières preuves alléguées par frère Anselme et réfutées par l'âne, ont été numérotées comme dans la présente introduction.

Dans le texte, les chiffres entre parenthèses renvoient aux notes, les astérisques renvoient au glossaire.

Armand Llinarès

NOTES DE L'INTRODUCTION

1 - Pour tout ce qui concerne la vie et l'œuvre de Turmeda, la livre de base, quoique déjà ancien, reste celui d'Agusti Calvet, *Fray Anselmo Turmeda heterodoxo español*, Barcelone, 1914. On se reportera également avec profit aux études plus récentes de Martî de Riquer, *Anselm Turmeda*, dans *Història de la Literatura catalana*, t. II (Barcelone, 1964), p. 265-308 Miguel de Epalza, *Nuevas aportaciones a la biografia de fray Anselmo Turmeda (Abdallah al-Tarchumân)*, «Analecta Sacra Tarraconencia» 38 (Barcelone, 1965), p. 87-158 ; J.L. Marfany, *Ideari d'Anselm Turmeda*, Barcelone, 1965 ; J. Samsò, *Turmediana*, «Boletîn de la Real Academia de Buenas Letras de Barcelona», XXIV (1971-1972), p. 51-85 ; et en français, Alain Guy, *La penseée ambiguë de Turmeda, l'islamisé*, dans *Philosophes ibériques et ibéro-américains en exil*, Publ. de l'Université de Toulouse-Le Mirail, 1977, p. 11-56.

2 - Qui constituent en fait un matériau peu abondant, mais souvent digne d'intérêt. Turmeda a peu écrit. Ses œuvres, de peu de volume, sont, dans l'ordre chronologique, le *Libre de bons amonestaments*, les *Cobles de la divisiò del regne de Mallorques*, quelques prophéties, la *Dispute de l'âne* et la *Tuhfa*. On lui attribue parfois le *Libre de tres*, recueil de maximes et de sentences malicieuses (M. de Riquer, *op. cit.*, p. 127-132 et 278).

3 - Titre complet de l'ouvrage : *Le Présent de l'homme lettré pour réfuter les partisans de la Croix, par Abd-Allâh ibn Abd-Allâh le Drogman* (Paris, 1886). Dans son avant-propos, Spiro écrit : «Quant à la personne de notre auteur, nous n'en savons que ce qu'il nous raconte lui-même. Malgré tous nos efforts, il ne nous a pas été possible jusqu'ici d'en apprendre davantage Nous ignorons le nom qu'il portait avant sa conversion ; nous ignorons même l'année de sa mort. Nous savons seulement qu'il est enterré à Tunis. Sa tombe, qui se trouve au milieu du Souk des Selliers, est encore actuellement l'objet d'une grande vénération» (p.4). L'Avant-propos et les deux premiers chapitres du *Présent* ont été reproduits sous le titre *Autobiographie d'Abdallah ben Abdallah le Drogman* (Tunis, 1906). Texte de la *Tuhfa*, trad. espagnole et commentaire de Miguel de Epalza, *Tuhfa. Autobiografia y polémica islàmica contra el cristianismo, de Abdallah al-Tarchuman (fray Anselmo Turmeda)*, prol. de Juan Vernet (Rome, C'est toujours la traduction française de Spiro qui sera citée, sous le titre *Le Présent*.

4 - «Celui filz d'Adam, qui est assis soubz cest arbre est de nation cathalaine et nay de la cité de Mallorques, et a nom frère Anselme Turmeda», explique dans la *Dispute de l'âne* un lapin venu de Sardaigne (voir ci-dessous, § 2).

5 - A. Calvet, *op. cit.*, p. 91.

6 - *Le Présent*, p. 8.

7 - Ce qui est certain, c'est que son parrain, Pierre Silvestre, de Majorque, fait, par testament de 1375, un legs à «fratri Anselmo Turmeda, dicti ordinis fratrum minorum, filiolo meo» (A, Calvet, *op. cit.*, p. 8o).

8 - Le séjour de Turmeda à Bologne a duré une dizaine d'année (1376-1386?). Il aurait été entrecoupé d'un séjour parisien, à en croire la *Dispute* où l'âne dir à frère Anselme : «Toutesfois, combien que je n'aye esté aux estudes à Paris, ny à Boloigne, comme vous ...» Le séjour parisien qu'on déduit de ce texte n'est pas du tout prouvé. Le «comme vous» de l'âne est ambigu. On le fait correspondre d'ordinaire aux deux grandes villes universitaires, de Paris et Bologne. Mais Paris ne serait-il pas cité seulement pour sa renommée internationale, comme siège de l'université la plus prestigieuse de l'époque ? Le «comme vous» de l'âne s'appliquerait alors uniquement à Bologne où Turmeda dit avoir fait ses études de théologie, sans faire mention de Paris (*Le Présent*, p. 9).

9 - Le nom de ce professeur est cité en arabe par Turmeda. Spiro le traduit par «Nicolas Myrtil» (*Le Présent*, p.9). Miguel de Epalza pense qu'il pourrait s'agir de Nicolas de Hortis, maître en théologie à Bologne à cette époque et par la suite archevêque de Raguse (*Nuevas aportaciones, art. cité*, p. 123-136).

10 - Jésus dit : «Quand viendra le Paraclet, que je vous enverrai d'auprès du Père, l'Esprit de Vérité, qui provient du Père, il me rendra témoignage» (*Ev. selon saint Jean*, XV, 26).

11 - R. Brunschivig, *La Berbérie orientale sous les Hafsides, des origines à la fin du XVe siècle*, t. I (Paris, 1940), p. 440-449.

12 - Sur Abou-l-Abbas et son fils Abou-Faris, voir R. Brunschvig, *ibid.*, p. 187-239.

13 - Parmi ces enfants, un fils, Abd-al-Halim, fera un résumé de la *Tuhfa* (C. Brokelmann, *Geschichte der arabischen Litteratur*, II suppl.

(Leyde, 1936), (p. 352).

14 - C'est ce qui explique que dans la *Dispute,* Turmeda soit désigné comme «Official en la doyne de Thunicz pour le grand et noble Maule Bufret, roi et seigneur entre les filz d'Adam et est grand escuyer dudict roy». «Maule Bufret» est la traduction maladroite de «Moulay Bouferiz», nom sous lequel Abou Fariz est désigné dans les documents chrétiens de l'époque.

15 - Ecrit, selon l'auteur, «à Tunis par frère Anselme Turmeda, autrement appelé Abdallah». Ed. par M. Olivar dans Bernat Metge - Anselm Turmeda *Obres minors,* Barcelone, 1927, p. 144-159.

16 - Agusti Calvet a montré (*op. cit.,* p. 160-167) les emprunts de Turmeda, en confrontant les textes catalan et italien.

17 - Strophes 2 et 3.

18 - Strophe 22.

19 - Strophes 60 à 69.

20 - Entre 1635 et 1821, on enregistre au moins une trentaine d'éditions du *Libre de bons amonestaments* (M. Aguilo, *Catálogo de obras en lengua catalana,* Madrid, 1923, n. 2257-2285). Martî de Riquer remarque (*op. cit.,* p. 280) : «Le fait que douze générations de Catalans, principalement des paysans, aient appris à lire et à raisonner sur un livre aussi déconcertant est un phénomène qui pourrait intéresser les sociologues».

21 - Ed. de M. Olivar, *op. cit.,* p. 103-143.

22 - Martî de Riquer, *op. cit.,* p. 282.

23 - E. Sans, *Fra Anselm Turmeda en 1402,* «Homenatge a A. Rubîo i Lluch III (Barcelone, 1936), p. 405-408.

24 - Comme on le sait, Pierre de Luna, issu d'une grande famille aragonaise, a succédé en 1394 à Clément VII et a pris le nom de Benoît XIII. Prison-- nier des Français en Avignon, il s'échappe et se réfugie à Peñiscola (prov. de Catellòn) où il mourra en 1424, après sa déposition par le conseil de Constance.

25 - Voir J.M. Pou, *Sobre fray Anselmo Turmeda,* «Boletìn de la Real Academia de Buenas Letras de Barcelona», VII (Barcelone, 1913-1914)

p. 465-472.

26 - Voir J: Rubiò, *Literatura catalana*, dans *Hist. general de la Literaturas hispánicas*, t. III (Barcelone, 1953), p. 827.

27 - Voir ci-après, dans la *Dispute*, une relation de cette escale par le lapin sarde cité en note 4. Aicard de Mur, personnage historique, est désigné ici sous le nom d'Allard de Mur.

28 - *Le Présent*, p. 31. Cela correspond au *Coran*, Sourate IV, versets 157-159

29 - *Le Présent*, p. 35.

30 - *Ibid.*, p. 39.

31 - *Ibid.*, p. 44. Pour Turmeda, le pape ne peut que résider à Rome. Une de ses obsessions a été le Grand Schisme, heureusement terminé au moment où il écrit la *Tuhfa*. Ses critiques des indulgences ne sont pas sans rappeler celles adressées par Jean Hus à l'encontre du pape Jean XXIII.

32 - Comme on l'a vu (note 3), Spiro lui-même ne savait pas, au moment où il traduisait la *Tuhfa*, que l'auteur en était Turmeda. L'identification du Majorquin, comme auteur de cet ouvrage, est due à A. Rubiò i Lluch et à M. Menéndez y Pelayo (voir. A. Calvet, *op. cit.*, p. 38).

33 - A. Calvet, *op. cit.*, p. 52.

34 - *Ibid.*, p. 81.

35 - A. Calvet (*ibid.*, p. 89) pense qu'il mourut entre 1424 et 1432, sans toutefois pouvoir préciser davantage.

36 - J. Miret y Sans, *Vida de fray Anselmo Turmeda*, «Revue Hispanique», XXIV (1911), p. 272, note 1. Trois manuscrits figurent au fonds arabe de la B.N. de Paris, sous les n. 1464, 6051 et 6052.

37 - *Le Présent*, p. 5.

38 - A. Calvet, *op. cit.*, p. 11-21.

39 - D'une écriture maladroite, selon Spiro (*Le Présent*, Avant-propos).

40 - Martî de Riquer, *op. cit.*, p. 304.

41 - «Sachez que je tire mon origine de la ville de Majorque (que Dieu la ramène à l'Islam !), grande ville sur la mer, entre deux montagnes et traversée par une petite rivière. C'est une ville de commerce qui possède deux ports où de grands navires viennent jeter l'ancre pour se livrer à un trafic important. Elle se trouve dans une île du même nom, abondante en oliviers et en figuiers. Dans une bonne année, l'île de Majorque peut exporter vers le Caire et Alexandrie plus de 20.000 barriques d'huile d'olive. On rencontre dans cette île plus de 120 places fortes entourées de murs et bien entretenues. De nombreuses sources arrosent tous les points de l'île et se jettent dans la mer» (*Le Présent*, p.8). Turmeda mérite bien la place qui lui est faite, la première, dans l'ouvrage collectif *Philosophes ibériques et ibéro-américains en exil*, cité en note 1.

42 - L'expression est de Marti de Rîquer, *op. cit.*, p. 305-308.

43 - *Libre de bons amonestaments*, strophe 77.

44 - Grâce au registre de la Bibliothèque de Ferdinand Colomb, à Séville, au n. 3861 (voir fac-similé de A.M. Huntington, *Catalogue of the Library of Ferdinand Colombus* (New-York, 1905) qui indique notamment : «Libro en catalan, es disputa del ase contra frare Encelm Turmeda sobre la natura e nobleza dels animals, ordinata per lo dit Encelm ... Imp. en Barcelona año de 1509»).

45 - Sauf la prophétie de l'âne dont on possède le texte catalan dans un manuscrit du XVe siècle (v. ci-dessous note 66).

46 - Edition suivie de trois autres : une édition non datée, faite «suivant la copie de Lyon par Jaume Jaqui» ; une deuxième, publiée «A Lyon par Laurens Buyson Papetier & Lybraire, en rue merciere. 1548» ; et une troisième, publiée «A PAMPELUNE [= Paris] Par Guillaume Buisson. 1606» (voir «Revue Hispanique», XXIV (1911), p. 359). A *Disputation* a été substitué ici le mot *Dispute*, traduction plus exacte de *Disputa*.

47 - «Revue Hispanique», *ibid.*

48 - Un exemplaire de l'édition de 1544 existe à la B.N de Paris, sous la cote Rés. Y2 2883. Le texte en a été reproduit par R. Foulché-Delbosc dans la »Revue Hispanique», XXIV (1911), p. 360-479. Quant à la prophétie de l'âne, qui figure vers la fin de l'ouvrage, le texte catalan en est connu (voir ci-dessous, note 66).

49 - Anselm Turmeda, *Disputa de l'ase,* introd. de Marçal Olivar, Barcelone,

1928. Essai de reconstitution de l'original catalan par L. Destany
(L. Faraudo de St Germain), *Llibre de la disputació de l'ase,* Barcelone, 1922 (réimprimé plusieurs fois).

50 - Ou cheval *bai.* C'est le nom du fameux coursier de Renaut de Montauban

51 - Si le thème des animaux élisant un roi est très commun dans les apolo-
gues (où la couronne échoit presque toujours au lion), ici, l'acceptation
par chacun de la décision d'un arbitre qui doit désigner le successeur du
roi mort sans héritier direct, ressemble fort à la décision prise après la
mort de Martin Ier (roi d'Aragon et de Sicile, mort en 1410) de lui donner comme successeur son neveu Ferdinand Ier, infant de Castille, à la
suite du compromis de Caspe (juin 1412) où le dominicain Vincent Ferrier
(Vincent Ferrer) a joué un rôle déterminant. Il n'est pas exclu que Turmeda
ait en mémoire de fait relativement récent quand il écrit son livre et on
peut se demander si le cheval blanc qui sert d'arbitre ici ne symbolise pas
Vincent Ferrier, lui-même vêtu de blanc.

52 - Ce lapin (voir note 4), offert par Allart (= Aicard) de Mur à Turmeda,
s'est échappé de sa cage.

53 - Aidé par d'autres animaux quand frère Anselme allèguera sa douzième
preuve de la supériorité de l'homme.

54 - *Genèse,* 1, 31 : «Dieu vit tout ce qu'il avait fait : cela était très bon».

55 - L'ânesse voit l'ange de Yahvé, qui barre la route, alors que Balaam ne
voit rien, avant que Yahvé ne lui ouvre les yeux (*Nombres,* XXII, 22-35).

56 - Appelés ici *langoustes,* du latin *locusta* qui désignait à la fois la langouste
et la sauterelle. Le criquet migrateur est la *Locusta migratoria* des ento-
mologistes.

57 - Allusion aux paroles de Jésus : «Regardez les oiseaux du ciel ...» (*Matthieu*
6, 26) que l'âne interprète ainsi : «Vous ne debvez pas entendre, frère
Anselme, que Dieu leur donne à manger avec sa main ; mais il veut dire
qu'il leur a ordonné vie et manière de vivre».

58 - *L'Ecclésiaste,* 3, 21 : «Qui sait si le souffle des hommes monte en haut, et
si le souffle des bêtes descend en bas ? ». «Les jumens» sont une addition
de Turmeda.

59 - *Matthieu,* 30, 16. D'après la Bible de Jérusalem, ces paroles sont une addition, mais on les trouve aussi dans *Matthieu,* 22, 14.

60 - *Psaume 15,* 1-2. Trad. de la Bible de Jérusalem : «Yahvé, qui entrera sous ta tente,/ habitera sur ta montagne saincte ?/ Celui qui marche en parfait ...».

61 - L'idée de l'homme *microcosme* est fort ancienne. A la fin de l'Antiquité Isidore de Séville parle de *microcosmos* et de *minor mundus* (*De natura rerum,* IX, 2, dans «Patrologie Latine», 83,978). Au XIIe siècle, selon Honorius, dit d'Autun, l'homme' «microcosmus, id est minor mundus» (Y. Lefèvre, *L'Elucidarium et les lucidaires* (Paris, 1954), p. 371), a été créé «à partir d'une substance spirituelle et d'une substance corporelle. Celle-ci est composée des quatre éléments, qui font de l'homme un microcosme. Il tient de la terre sa chair, de l'eau son sang, de l'air son souffle, du feu sa chaleur. Chaque partie de son corps correspond à un de ces éléments et ressemble à une partie de l'univers (*ibid.,* p. 115).

62 - Il s'agit de saint Louis (1274-1297), né et mort à Brignoles (Var), frère mineur et évêque de Toulouse, qui mourut en se rendant à Rome pour se faire décharger de ses fonctions. Canonisé en 1317. L'âne passe sous silence Saint Louis, roi de France, canonisé en 1297, sans doute parce que ce dernier est un laïc.

63 - Saint Pierre de Vérone (1208-1252), frère prêcheur, inquisiteur à Milan et à Crémone, assassiné par les hérétiques. Mis immédiatement au nombre des saints martyrs par Innocent IV.

64 - Mais il ne dira plus rien de la luxure, puisqu'il en a déjà parlé. Le péché de paresse, quant à lui, est associé à l'envie.

65 - Allusion aux prophéties antérieures de Turmeda. Voir notamment R. d'Alòs, *Les profecies d'En Turmeda,* «Revue Hispanique», XXIV, p. 480-496.

66 - Unique texte de la *Dispute* connu dans sa version catalane originale, dans un manuscrit du XVe siècle, conservé à la Bibliothèque de Carpentras (ms. 336). Ed. par J. Rubiò, *Un text català de la Profecia de l'Ase de fra Anselm Turmeda,* «Estudis Universitaris Catalans», VI (Barcelone, 1913), p. 9-24. Texte reproduit dans Anselm Turmeda, *Disputa de l'ase,* éd. par M. Olivar (Barcelone, 1928), p. 180-191.

67 - Henri Marrou remarquait (*Saint Augustin et l'augustinisme,* Paris, Ed. du Seuil, coll. «Maîtres spirituels», p. 84) que l'un des textes les plus cités par Saint Augustin est le début du *Prologue de l'Evangile selon saint Jean* plus de mille fois. A lui seul, le verset 14 («Le Verbe s'est fait chair et il a habité parmi nous») est cité plus de deux cent trente fois.

68 - *Psaume 8,* versets 5-7.

69 - M. Asîn Palacios, *El original arâbe de la Disputa del Asno contra fr. Anselmo Turmeda,* «Revista de Filologîa Espanola», (Madrid, 1914), p. 1-51.

70 - Sur les frères de la Pureté, voir M: Cruz Hernandez, *Hist. de la Filosofîa esp. : Filosofîa hispano-musulmana,* t. I (Madrid, 1957), p. 58-62.

71 - *Dispute,* raison 2.

72 - *Gargantua,* début du prologue.

73 - «Le *Liber de proprietatibus rerum,* rédigé sans doute vers 1240, a été certainement l'une des encyclopédies médiévales les plus fameuses, et l'un des fondements de la culture cléricale et profane de toute la fin du Moyen Age» (G. Bianciotto, *Bestiaires du Moyen Age* (Paris, 1980), p. 241).

74 - Paris, Bibl. Ste Geneviève, ms. 1029 : *Elucidari de las proprietatz de totas res naturals.*

75 - Paris, 1556, in-folio B.N.Paris : R 922, R 923.

76 - Fait curieux, il est aussi deux fois questions des abeilles dans la *Dispute* (raisons 3 et 11) et, comme dans le *Propriétaire,* elles ont un roi et non une reine.

77 - Qu'on puisse évoquer à propos de la *Dispute* une source orientale ou une source occidentale s'explique par le fait qu'à partir d'Aristote (*Hist. des animaux*) et de Pline (*Hist. naturelle*), un auteur alexandrin du IIe siècle, connu sous le nom de «Psysiologue», a constitué une encyclopédie dont on a tiré des compilations successives, tant en orient qu'en occident (trois de ces dernières ont été éditées par Ch. Cahier dans (*Mélanges d'archéologie, d'histoire et de littérature* (Paris, 1847-1854), t. II, p.106-232 ; t. III, p. 203-288 ; t. IV, p. 55-87). On lit dans le *Propriétaire,* livre XVIII, chap. 43 : «Je me recorde que j'ay leu au livre des Phisiologues ...»(fol.189v)

78 - Publiés en appendice à Phèdre, *Fables*, Paris, Garnier, s.d.

79 - Publiée incomplètement dans *Colecciòn de documentos ineditos del archivo de la Corona de Aragòn*, t. XIII (Barcelone, 1857), p. 188-301. La B.N de Paris possède deux manuscrits complets de l'œuvre : fonds espagnol n. 54 et 55.

80 - *Colecciòn ...*, p. 199.

81 - *Ibid*, p. 200 : «Car diu Cato que ira empatxa lo coratge que no pot conexer veritat», alors qu'on lit dans la *Dispute*, p. 14 : «Caton dict que l'ire empesche l'entendement, en sorte qu'il ne peut discerner la vérité».

82 - Martî de Riquer, *op. cit.*, p. 294-295.

83 - *Ibid*, p. 296.

84 - A la fin d'une étude déjà ancienne, mais encore d'actualité, J. Miret y Sans esquissant un parallèle entre Turmeda et l'auteur satirique italien Luigi Pulci (1432-vers 1487), écrit : «Par une contradiction de l'esprit humain, ils se rient de ce qui est sérieux ; mais la partie sérieuse de la vie morale ou sociale ne cesse pas de les préoccuper et de les tourmenter» (*Vida de fray Anselmo Turmeda*, «Revue Hispanique», XXIV, p. 296.

85 - *Declaracio de la profecia de l'Ase*, dans Anselm Turmeda, *Disputa de l'Ase* (Barcelone, 1938), p. 203.

86 - *Ibid*, p. 204.

DISPUTATION DE L'ASNE

contre frère Anselme Turmeda
sur la nature et la noblesse des animaulx,
faicte et ordonnée par ledict frère Anselme
en la cité de Tunicz, l'an 1417

En laquelle ledict frère Anselme preuve comme les enfans de nostre père Adam sont de plus grande noblesse et dignité que ne sont tous les aultres animaulx du monde, et par plusieurs et vives preuves et raisons.

Traduicte de vulgaire hespaignol en langue françoise.

G. L. A TOUS SES FIDELES AMIS:

SALUT ET PAIX PAR NOSTRE SEIGNEUR JESUS - CHRIST

Amis très fidèles 1 Avant que le présent œuvre feut pas moy traduict et que l'eussiés du tout veu et examiné, et après vous avoir ces jours passez communiqué certaines raisons contenues en iceluy, y printes tel plaisir que me priastes faire diligence de le réduire en nostre langue françoyse, comme chose autant ou plus digne d'estre mise en lumière que plusieurs aultres que pour le jour d'huy ung tas de resveurs sophistiques mettent en avant. Combien que, comme sçavez, ce ne soit mon art de me appliquer à telles choses, et mesmement pour n'en avoir jamais faict profession tant pour la rudesse de mon esperit que pour ma maulvaise veine de traduire, et aussi que ce n'est ma vocation, toutesfois me confiant de vos débonnairetez accoustumées et anciennes protestations que pour l'amitié mutuelle qui est entre vous et moy, corrigerez doulcement par sociale et fraternelle correction le language rural dont je use communément, tant par parolles que par escript, comme chose à moy propre, pour y estre enclin dès mon enfance et natuvité, ay bien voulu obtempérer à vostre requeste, comme celuy qui ayme mieulx encourir et tomber au jugement téméraire de plusieurs calumniateurs que de différer à vous complaire. Or, qu'ilz calumnient tant qu'ilz vouldront, car faisant lecture plus ample du livre, cognoissant les divines et subtiles responses d'un asne dont il faict mention, duquel combien qu'il soit animal irraisonnable, je suis quelque peu parent et allié, à cause de l'affinité du nom emprunté, ay prins courage en moy-mesme, estimant, puis que le temps est venu qu'il plaist à Dieu illuminer, enseigner et faire parler les asnes et bestes qui long temps avoient esté muetz et sans parler, que je ne demoureray derrière : sans pour le moins, si c'est mon plaisir, recepvoir quelque scintille de sa grâce.

Recepvez doncques, très chers amis, les prémices de ce mien labeur traduict, et excusez les faultes y contenues, ainsi que le bon et vertueux pédagogue excuse sagement ses jeunes disciples non estans encores accoustumez, ni exercitez à l'estude et leçon, joinct que, comme il vous est notoire, pour la briesveté du temps qui m'a pressé à cause du voyage que sçavez qu'il me fault faire, duquel ne sçay quand sera le retour, ne voulant toutesfois pour l'amour de vous l'œuvre de vous tant désirée inparfaicte, n'ay eu le loysir et opportunité d'aorner et corriger le style et langage selon mon désir, et que la matière bien le requiert, de quoy je me remets à vous. Aussi que l'original du livre est fort ancien, comme pourrez veoyr, tant en manière de parler, sentences, que circon-locutions, lesquelles j'ay observées en aulcuns endroits : pour suivre l'intention

du premier autheur au plus près que possible m'a esté, sans toutesfois me as-
traindre par trop à observer la signification et prolixité de plusieurs motz, lesquelz seroient superflus et ne sonneroient bien à nostre langue naturelle. Aussi
que ledict livre est escript en vraye langue cathalaine qui est fort barbare, estrange et esloignée du vray langage castillan par moy quelque peu practiqué.

Parquoy ne vous arresterez tant au style foyble et peu autentique,
toutesfois assez familier, que aux raisons contenues et entendues soubz plusieurs
propos que trouverez non moins industrieux et doctes que facétieux et récréa-
tifs. Et si vous lisez avecques bon jugement, vous orrez parler ung asne, lequel n'a
rien moins de l'asne que la nature. Car il semble estre ung Cyprian, Chrysostome,
ou Docteur subtil en théologie ; ung Platon, Aristote ou Socrates en philosophie ;
ung Albumasar en astrologie ; un Ypocrates en phisique ; ung Pline ou ung
Albert le Grand en hystoire naturelle et explanation de la nature des animaulx,
arbres et herbes ; ung Cicero ou Senecque en oraison ; ung vray logicien en dispute subtille et sophistique. Brief, je ne puis croire qu'il ne soit issu de la race
de l'asnesse sur laquelle Balaan estoit monté et qui parla à luy, lors qu'il alloit
pour cuider maudire le peuple et enfants d'Israël en la terre de Moabite et
Madiane, à l'instigation du roy Balac.

Vous y verrez mieux paincte que en ung miroir l'infirmité, imbé-
cillité et impuissance de l'homme, lequel à bon droict est nommé par les philosophes animal raisonnable. Comme ainsi soit qu'il ne diffère en riens des animaulx irraisonnables et bestes brutes, sinon en tant que son âme intellective est
créée à l'image et semblance de Dieu tout puissant et que nostre sauveur et
rédempteur Jésus-Christ, fils de Dieu éternal, a prins et vestu le corps de nostre
humanité et infirme nature, se faisant en toutes choses semblable à nous, endu-
rant en son corps humain toutes les tentations, tribulations, peines et travaulx
que souffre ung aultre homme, horsmis le péché, et enfin est mort et a espandu
son précieux sang en l'arbre de la croix pour effacer nos péchez, et est ressuscité
pour nostre justification, et ainsi nous a lavez, purgez et nettoyez de tout péché
et ordure, a fin qu'en suyvant ses pas nous soyons enfans adoptifz de Dieu nostre
père et cohéritiers du royaulme céleste avec Jésus-Christ, son filz unique et légi-
time, qui est la conclusion de la présente dispute, en laquelle trouverez quelque
fois aucunes matières ridicules, lesquelles néantmoins ne sont sans intelligence et
édification.

Aussi à la fin verrez une prophétie faicte par ledict asne, avec
l'exposition d'icelle, en laquelle ne me suis trop arresté pour la réduire en vraye
ryme, pour ce que pour le long temps qu'il y a qu'elle est faicte, j'estime toutes
les choses y contenues estre passées, soit qu'elles soient advenues ou non.

Et à tant feray fin, car frère Anselme veult commencer à parler
et entrer en dispute, priant celuy qui a donné sçavoir et science à l'asne pour luy
respondre, soustenant l'innocence des animaulx, qu'il lui plaise me donner grâce
de résister aux calumniateurs de vérité, et que le présent œuvre et toutes les
aultres choses soient à son honneur, gloire et louange. Et à vous, très chers

amys, ce que je sçay que journellement désirez en Jésus-Christ nostre Seigneur. Amen.

De Lyon, ce premier jour de may 1544,

Enutrof. Ensal.

Lisez et puis jugez.

FRERE ANSELME PARLE

Voyant le monde à tous maulx incité,
Et que chascun vit en lascivité,
Me sembla bon vous narrer l'aventure
Qu'un jour m'advint, estant sur la verdure.
Et cognoistrez par la mienne Dispute
Que l'homme vain est moins que beste brute,
Sinon en tant que la Divinité
A prins habit de nostre infirmité.
Invocant donc le hault Seigneur de gloire,
Veulx commencer à vous compter l'histoyre :
Ces jours passez ne voulant estre oyseux,
Combien qu'adonc le temps fut ennuyeux,
Lors que Phebus du ventre de Lyon
Faisoit brusler d'hommes ung million,
Ung bien matin au joly temps d'esté,
De ma maison sortir fuz incité,
Que Diana la Déesse immortelle
Monstroit encor sa face claire et belle.
Chevauchant doncque, cerchans les lieux plus frais,
Je me trouvé d'ung jardin assez près,
Dedans lequel avoit infiny nombre
De toutes fleurs et fruits pour servir d'umbre.
Là découloit une claire fontaine
Qui doulcement murmuroit en la plaine,
Dessus laquelle le rossignol gentil
Chantoit ung chant fort plaisant et subtil.
Brief, je pensoys à contempler ceste estre
Que pour certain fust paradis terrestre
Ou pour le moins le jardin sumptueux
Des Hespérides tant beau et fructueux.
Voyant le lieu si noble et excellent,
De le bien veoir euz merveilleux talent.
Lors sur les fleurs m'assis dessoubs l'umbrage
Pour mieulx juger ce très divin ouvrage.
Mais contemplant ce lieu tant magnifique,
Incontinent à sommeiller m'applique,
Et en dormant me sembloit vivement
Qu'en vision voyoys perfaictement
Faire séjour en ces grands lieux et beaulx
De tout le monde les brutaulx animaux.

Là triumphoient les très fors éléphantz,
Tygres, lyons, léopars très puissantz,
Chevaulx, muletz, asnes et dromadaires,
Accompaignez de chameaux et panthères,
Ours et dragons, cerfz, biches et sangliers,
Chevreulx et dains et biches à milliers,
Vaches et bœufz, aigneaux, brebis, moutons,
Loups et renards, qui craignent les bastons,
Chiens, chatz et ratz, souriz et escurieux,
Et dix mille aultres que nommer je ne veulx,
Car de tous les lieux estoient venuz à l'ayde
Chacune beste qu'on nomme quadrupède.
Après me vey des oyseaulx si grand nombre
Que l'ung à l'aultre faisoit peine et encombre :
Griffons, mylans, aigles, faucons, voultours,
Esmerillons, esperviers et butours,
Houstardes, grues, hérons, cines, paons,
Perdrix, bécasses, connilz (1), plonjons, chappons.
Cy sont poulletz, poulles, ramiers, faisans,
Cocus, corneilles et corbeaux mal faisans,
Grives, pigeons, merles et allouettes,
Chardonneretz, lynottes joliettes,
Verdiers, mauviz, sansonnetz, torterelles,
Gays, papegays, estourneaux, arondelles,
Et si grand nombre de toute volatille
Qu'il n'en falloit ung seul de leur famille.
Guespes, cygalles, mousches et sauterelles,
Mouchons, formis, mouschettes et abeilles,
Verms, araignes, lymas et formions,
Punaises, pulces, poux, lentes et cyrons.
Tous animaux en effect y estoient,
Fors les poyssons qui en la mer nageoient.

Fin

LE PROLOGUE

déclarant la cause de l'assemblée de tant d'animaux

La cause et occasion de l'assemblée de tant d'animaulx estoit pource que leur roy n'aguères estoit mort ; lequel avoit esté ung noble lyon, fort sage, de grant justice, et très vaillant et hardy de sa personne. Et pour les susdictes bontez et vertus qui estoient en luy, lesdictz animaulx tous en général, et chascun d'eulx en espécial, avoient esté tant contens de son règne, et luy vouloient tant de bien, et ensemble luy portoient telle amour que chascun d'eulx eust voulu qu'ung de ses enfans fust mort en son lieu. Et encore avoient plus grand desplaisir et mélancolie que iceluy roi estoit mort sans hoirs* de son corps, et qu'il n'avoit laissé filz ne fille. Et pour la grande et souveraine amytié qu'ilz avoient porté audict roy, s'estoient tous assemblez pour eslire à roy aulcun de ses parens, et ce par le consentement de tous lesdictz animaulx.

Fin du prologue

Icy commence à parler ung des conseilliers dudict roy, lequel estoit ung beau et grand cheval

Lors se leva un gentil cheval, lequel avoit nom le cheval bayard,* qui estoit ung des conseilliers, lequel estoit fort sage, expérimenté et bien emparlé. Et parlant haultement avec belle éloquence, dist les parolles syuvantes, se complaignant de son seigneur.

La plainte que faict le cheval pour son seigneur

- O cruelle mort, o fortune amère ! Nostre joye est perdue, puis que nous a ravy celuy qui estoit guide de nous aultres paovres désolez, et qui nous estoit comme père. Jamais mort de frère ou de sœur ne nous sera tant griefve que cestuy nostre bon roy, qui si bien nous gouvernoit. Pleust à Dieu que je mourusse aujourd'huy pour mon seigneur, et il fust vif en face. Mon cœur pour son amour de son corps se désempare. Je croy que je mourray par grand mélancolie. Désormais me seroit la mort plaisir et fin de tous maulx, cela est choses claire. Je prie à Dieu, qui tous les biens prépare, qu'il le veuille réduyre en la haulte Iérarchie, luy pardonnant s'il a commis folie. Qui bien luy veult, qui chante Amen à voix claire.

47

Icy se traicte de l'élection du roy des animaulx

- Très honorables et discretz seigneurs, combien que mon petit et foible entendement ne soit suffisant à mettre à exéquution ung tant hault et tant grand faict, comme d'eslire ung roy pour nostre protecteur et défenseur, toutesfois puis qu'il plaist à vos grands noblesses et sagesses qu'ung tel et si grand faict soit par moy déterminé et finalement accomply, je done à présent, au nom de Dieu tout puissant, esleu, ordonné et confirmé pour nostre roy et souverain seigneur de lyon roux à la longue queue, filz du cousin germain dudict feu roy nostre sire. Et celuy-là je tiens pour nostre vray seigneur et défenseur pendant sa vie.

Ces parolles dictes, voicy les animaulx, lesquels tous à une voix crians fort haultement, dirent et accordèrent que ceste élection leur plaisoit et qu'ilz estoient très contens, car dignement et par raison le méritoit.

De la feste que feirent les animaux pour leur nouveau roy

Et cela faict, voicy les animaulx lesquelz avec grand plaisir et soulas commencèrent les ungs à dancer et chanter, les aultres à saulter, les aultres à jecter la pierre ou la barre, chascun selon leur manière et condition. Et se faisoient toutes ces choses devant ledict roy nouveau. Alors pour les haulx chantz, bruit, tumulte et tabutement* qu'ils faisoyent, moy qui dormoye me esveillay, et estant esveillé estoys aussi estonné que si je eusse esté hors de moy-mesme. Et ouy les parolles suyvantes.

Le connil parle

- Très hault et puissant Seigneur, celui filz d'Adam qui est assis soubz cest arbre est de nation cathalaine, et nay de la cité de Mallorques, et a nom frère Anselme Turmeda, lequel est homme fort sçavant en toute science et plus que assez en astrologie, et est official en la doyne de Thunicz pour le grand et noble Maule Bufret, roy et seigneur entre les fils d'Adam et est grand escuyer ducdict roy.

Le roy dict au connil

- Connil, dict le roy, comme sçays-tu ainsi bien son nom et tout son estat ? «Seigneur, dict le connil, pource que moy et plusieurs aultres de mes parens avons esté long temps ses captifz». Le roy dict : «Il nous plaist fort de sçavoir comme toy et tes parents fustes captifz et fustes mis en son pouvoir».

48

Le connil dict au roy

- Seigneur, dict le connil au roy, je fuz nay en l'isle de Sardaigne, et estant à l'entour du chasteau de Caller (3), dedans une isle qui est au milieu de l'estang dudict chasteau, appellée l'isle de Bochel. Advint en ce temps que le gouverneur dudict chasteau, nommé Allart de Mur, voullant aller au couronnement du roy d'Arragon dom Fernande, qui lors avoit eu la seigneurie dudict royaume, montant en une nef pour aller en Cathaloigne, par force et contraincte de temps arriva au port de Thuniz, et ne voulant descendre en terre, envoya ung sien serviteur pour achapter refreschissements et victuailles. Et incontinent que ledict serviteur fut arrivé à la doyne de Thunicz, fut récité audict frère Anselme comme ledict gouverneur estoit là arrivé par fortune et contraincte du temps, et que, luy défaillant victuaille, il avoit envoyé pour achapter ce qui estoit nécessaire à ses gens pour se refreschir. Et ainsi après que frère Anselme eut ouy le rapport du serviteur du gouverneur, luy ayant prins plusieurs victuailles, dict au serviteur : «Prens ces victuailles et les portes à ton seigneur, le saluant de par moy. Et luy dy que je le supplie qu'il veulle accepter cestuy petit service de moy, son humble serviteur frère Anselme, et luy rend ses deniers ; et s'il a affaire d'aultre chose, qu'il me le mande et que de tout ce qu'il vouldra il sera servy». Lors ledict serviteur, montant en la nef, feit le rapport à son seigneur de tout ce que par frère Anselme luy avoit esté dict et luy rendit ses deniers. De laquelle chose le gouverneur eut souverain plaisir et joye ; et incontinent luy escripva une lettre, luy remerciant les grâces et honnestetez du service que luy avoit transmis. Et envoya ce, sans qu'il y eut entre eulx aulcune cognoissance.

Du présent que envoya ledict gouverneur à frère Anselme

Après que ledict gouverneur fut retourné du couronnement, il envoya à frère Anselme en une navire qui venoit en Thunicz ung présent de plusieurs gentiles choses, entre lesquelles je fuz envoyé avecq 23 miens parens dedans une belle cage de boys. Et après avoir receu le présent par le frère, il nous feit mettre en ung sien jardin, dedans lequel demourasmes prisonniers certain temps, jusques à ce, moy avec mesdictz parens, carvasmes* tant soubz terre que perçasmes le fondement de la plate forme et sortismes de l'aultre part, et en ceste sorte eschappasmes. Voilà, très hault et puissant prince et seigneur, comme je sçay qu'il est et comme il a nom et son estat.

Le roy demande au connil si frère Anselme est celuy qu'on luy avoit dict qui preschoit contre les animaulx

Le roy, après avoir ouy le connil, luy dict :

49

- Dis-moy, connil, est-ce cestuy frère Anselme qui se faict tant sçavant et est tant oultrecuyden qu'il dict et presche et tient par opinion que les filz s'Adam sont plus nobles et excellens, et de plus grande dignité que nous aultres animaulx ne sommes ? Et bien davantage ainsi qu'ay ouy dire ; il dict et afferme que nous aultres n'avons esté créez sinon pour leurs services, et qu'ilz sont nos seigneurs et nous aultres leurs vassaulx, et dict plusieurs aultres fantasies et mocqueries, et presche contre nous, sans donner aulcunes preuves ou raisons justes. Et les aultres filz d'Adam luy donnent foy et croyent fermement ce qu'il dict contre nous estre vérité.

Le connil répond au roy et dict :

- Seigneur, c'est celuy qui dict tout ce qu'on vous a donné à entendre, et plus cent foys luy ay ouy dire de mes propres aureilles, moy estant en son pouvoir.

Le roy parle à ses barons et serviteurs

Cela dict par le connil, voicy le roy lequel se tourna à ses grands barons et serviteurs qui estoient entour luy et leur dict : «Que vous semble à vous aultres de ceste beste de frère Anselme et de sa mocquerie et folie ?». Alors tous les ditz barons et serviteurs dudict roy d'un accord luy respondirent, disans : «Seigneur, ce qu'il dict et presche contre nous, ou c'est par grand folie ou rudesse d'entendement, ou c'est par grand oultrecuydance et hastiveté qu'il doibt avoir. Toutesfois, Seigneur, ainsi que mieulx sçavez, plusieurs fois on dict mal et si on porte faulx tesmoignage contre quelqu'ung qui néantmoins est innocent et non coulpable. Si vous, Seigneur, estes content, que présentement il soit mandé devant vostre royalle présence et haulte seigneurie, et luy soit demandé desditz articles, et s'il dict et accorde estre vérité tout ce que de luy a esté dict, alors luy soit demandée la prouve ; car, comme disent les logiciens, quand l'homme veult prouver aulcune chose, il ne suffist pas de dire : «Il est ainsi», mais nous croyons qu'il doibt donner quelque fois la prouve pour prouver estre vray ce qu'il dict de nous. Il y a en vostre royalle et noble court plusieurs subtilz et ingénieux animaulx, lesquelz disputeront tant contre luy qu'ilz luy feront veoir les estoilles de jour et luy feront croire que vessies sont lanternes (4). Et ce pour le grand et subtil sçavoir qui est en eulx.

Le roy envoye ung sien portier pour quérir frère Anselme

Après que le roy eyt ouy leur response, il demoura très content, et incontinent envoya pour me quérir ung des principaulx portiers de sa court, appellé par son nom le faulx renard aux jambes tortues, lequel estant arrivé vers moy, après les salutations mutuelles, me dict les parolles suyvantes :

Frère Anselme, pour la vostre éloquence,
Huy recepvrez plaisir ou villenie.
Parler vous veulx en toute courtoysie.
Parquoy donnez à mon parler créance.

Quand vous verrez la royalle présence
De mon Seigneur, qui à vous m'a mandé,
Soyez tout prest parler sans capharder,
Et dictes vray devant son assistance.

Le seigneur roy veult huy par audience
Sçavoir de vous si ceste gran folie
Est vérité ou pure menterie,
Que vous preschez en si belle éloquence,

Disant que Dieu, par suprême puissance,
Aux filz d'Adam a donné seigneurie
Par dessus nous en la présente vie.
Si ainsi est, vous nous faictes offence.

Venez-vous-en par devant l'excellence
De nostre roy et de sa seigneurie.
Si ne le faictes, j'ay royalle baillie
Pour vous mener par force et à oultrance*.

Frère Anselme dict au renard

Incontinent ayant ouy les parolles du renard, et voyant que si je n'estois obéissant à son commandement, le jeu pouvoit mal aller (5) pour moy, davantage qu'estois tout seul entre tant d'animaulx, lesquelz estoient tous courroucez contre moy, je pensay en moy-mesme que meilleur et plus sage conseil estoit à moy d'aller que de contester. Parquoy luy respondant, dy les parolles suyvantes :

Vaillant portier de la court léonine,

Très voulentiers je feray le voyage,
Car pour certain sera mon avantage
De publier la mienne vraye doctrine.

En est à dire que la vertu divine
Donne pouvoir à tout l'humain lignage
Aux animaulx faire bien ou oultrage,
Ainsi qu'estans soubz sa puissance insigne.

Le mien aller sera à tous ruine,
Le mien parler trouveront fort saulvaige.
Avant partir pour le mien advantage,
De vostre roy veulx sauf-conduict et signe.

Ma response ouye et voyant que je vouloys avoir sauf - conduict
et seurté, il se partit de moy soubdainement et ne tarda pas demie heure que
incontinent fut retourné à moy, avec le sauf - conduict, lequel très suffisamment
expédié, ainsi comme je vouloys et demandoys.

Comment frère Anselme va devant le roy

Ayant receu le sauf - conduict, je me pars avec ledict portier.
Et estant arrivé devant la royalle puissance dudict roy des animaulx, je luy fey
la révérence telle que à tout prince et seigneur appartient. Et incontinent que les
animaulx me veirent, ilz s'assemblèrent tous à l'entour du roy, pensans qu'il
donnast contre moy quelque cruelle sentence. Mais ledict roy, comme celuy qui
estoit fort sage, discret et de grand justice, incontinent qu'il me veit, me feit
passer avant et me feit seoir entre les principaulx barons de sa court. Et ainsi
comme celuy qui estoit moult entendu et ingénieulx, pensant à soy que, pour
crainte de luy ou pour vergogne de tant d'animaulx qui estoient là présens, ne
peusse ou sçeusse responde aux articles desquelz me seroit demandé, me monstra
grand amour, et avec bon, joyeulx et riant visaige, me commença à demander de
plusieurs choses ne touchant point à propos, ainsi comme est l'usage et coustume de tout noble roy ou seigneur, affin que en m'accoustumant de parler avec
luy et avec les aultres grans barons, fusse plus hardy à respondre à ce de quoy
serois interrogué. De laquelle chose eu en mon cœur souverain plaisir et joye ;
et rendy louange à Dieu qui m'avoit gardé et délivré de si grand bruit et tempeste
qui avoit esté à mon arrivée, et commence à recouvrer courage, car toute la
première peur me fut passée. Et après plusieurs raisonnements ainsi comme je
vous ay dict, voicy le roy lequel en basses et courtoises parolles me dict :

Le roy des animaulx dict à frère Anselme

- Frère Anselme, il est parvenu à nostre royalle notice* une certaine voix que vous dictes publiquement et soustenez, preschez et affermez que vous aultres filz d'Adam estes plus nobles et de plus grande dignité que ne sommes entre nous animaulx. Et davantage, qui est pis, dictes et croyez fermement, et en preschant, commandez qu'il soit creu que Dieu tout puissant n'a créé nous aultres sinon pour vostre service, et que vous estes par raison nos seigneurs, et nous aultres vos vassaulx par droict. Et cela est chose que nous ne croyons point, ny ne povons penser que une si grande folie ny une si grande villenie soit procédée d'une si haulte science et prudence comme est la vostre ; et croyons que telle renommée ne soit divulguée de vous, sinon par quelqu'ung qui vous soit ennemy ou mal veillant, qui a voulu obscurcir vostre bonne et honorable renommée. Et pourtant vous prions maintenant que nous asseuriez sur ce doubte. Et cecy est la principalle raison pour laquelle nous vous avons faict venir devant nostre royalle présence.

La response de frère Anselme

Après que j'eu ouy les courtoyses parolles du roy, le luy respondi ainsi :

- Très haut et puissant prince et seigneur, sçache vostre royalle Haultesse que tout ce que vous a esté dict de moy est vérité. Et me confiant à présent de vostre grand justice, et sçachant qu'estes tel seigneur et de si grande fermeté que jamais amour ne haine ne vous pourroit faire sortir de la droicte voye, ny jamais ne procèderez à faire aulcun cas sans raison, parquoy veulx que sçachez que je croy fermement et presche que nous aultres filz d'Adam sommes plus nobles et de plus grande dignité que n'estes vous aultres animaulx. Et ne vous soit grief, Seigneur, car je l'entens prouver par vives raisons, s'il plaist à vostre haulte Seigneurie me donner en cela audience, vous suppliant ne vouloir faire contre moy aulcune chose avec fureur ou courroux. Qu'il vous plaise les laisser derrière et mettre raison et justice en avant, car le grand sage Caton dict que l'ire empesche l'entendement, en sorte qu'il ne peut discerner la vérité (6). Et si je ne prove pas opinion estre vraye, alors faictes faire de moy tous ainsi que vostre haulte Seigneurie plaira.

Comment tous les animaulx se levèrent avec grand bruyt contre ledict frère

A peine eu-je achevé ma raison que tous les animaulx, avecq grand tumulte et bruy, tous d'une voix crians haultement, dirent : «Meure le traistre frère Anselme ». Et si ne fust un léopard qui estoit grand séneschal dudict roy, qui avoir nom Magot à la peau grivelée*, lequel saultant se mist au devant des animaulx, criant : «Ne soyez point traistres, car le Roy nostre Sire l'a asseuré 1», vrayement je pense que ma vie fust du tout despeschée. Incontinent que lesdictz animaulx entendirent que j'estoys asseuré du Roy, se taisans, demourèrent en paix. Toutesfois ilz murmuroient tousjours et contre moy rechinoient. Et le Roy, après avoir ouy mes parolles, se tira apart, en se arraisonnant avec les siens par l'espace de demi-heure. Et après, se retournant vers moy, me dict :

- Frère Anselme, nous et nos conseilliers et barons avons ouy vostre imprudente et indiscrète response, pour laquelle, si n'eust esté l'asseurance que par nous vous a esté faicte, recepvriez telle peine que à tout aultre homme ou filz d'Adam ayant la notice* n'auroit jamais tant d'audace ou présumption que contre nous osast dire ou divulguer telles ne si horribles parolles comme vous avez dict en vostre malheureuse et maulvaise response. Mais ainsi comme en nostre royalle court, à l'encontre des malfaicteurs on use plus de miséricorde que de justice, par le consentement et volunté de nos conseilliers, barons et loyaulx serviteurs, nous vous donnons par les présentes l'audience par vous demandée.

Comment l'Asne fut délégué pour disputer contre frère Anselme

- Et affin que sçachez clairement que nous aultres animaulx sommes de plus grande noblesse et dignité que vous n'estes, et que par raison et à bon droict, nous debvons estre vos seigneurs et vous nos subjectz et subjuguez, laissant doncques plusieurs nobles et ingénieux animaulx, lesquelz en deux ou trois mots vous feroient taire comme un muet, voulons et à présent déléguons que l'Asne roigneux à la queue couppée vous responde, combien qu'il soit le plus malostru et misérable animal qui soit en nostre court. Et pourtant adressez-vous à luy, luy disant toutes vos raisons et prouvant ce que vous avez dict contre nous estre vérité.

Parquoy me retournant, je vey à cousté de moy ung meschant et malheureux Asne tout escorché, morveux, roigneux* et sans queue, lequel, comme je croy, n'eust vallu dix deniers à la foyre de Taragonne. Et me tins pour mocqué, cognoissant clairement qu'ilz se mocquoient de moy. Toutesfois, plus par crainte que par vergoigne, il me fallut contenter et patiemment supporter. Et incontinent, ledict Asne roigneux* me dict :

L'Asne parle à frère Anselme par grand audace

- Frère Anselme, combien que ne soiez digne que je vous responde, toutesfoys ne pouvant contredire au très exprès commandement du trèshault et puissant prince nostre sire le Roy, me convient, comme ung bon et loyal subgect et serviteur, accomplir et observer cela. Et pource, au nom de Dieu, je veulx ouyr de vous à présent les raisons et preuves que vous tenés, une à une, et, quand les aurez dictes, je vous respondray selon que Dieu me advisera.

Lesquelles parolles me furent coups de lance, me voyant mespriser à une si meschante beste, comme est cestuy trupelu* et malheureux Asne. Mais pour venir à mon intention, sçachant, selon l'Escripture, que qui souffre n'est pas vaincu (7), laissant tout desplaisir et mélancolie au près de mon chapperon, décliquay* les parolles suivantes contre l'Asne.

55

ICI COMMENCE LA DISPUTE DE FRERE ANSELME
CONTRE L'ASNE

1

- Seigneur Asne, la première preuve et raison que nous aultres filz d'Adam sommes de plus grande noblesse et dignité que vous aultres animaulx, [est] à cause de nostre belle figure et semblance. Car nous sommes bien faicts et composez de noz membres, et tous bien ordonnez par belles proportions correspondantes les unes aux aultres : car les hommes grands ont les jambes longues et les bras longs, et ainsi de mesme tous les aultres membres selon la longueur du corps. Et les hommes petitz ont les jambes courtes et les bras courtz. Et ainsi sont tous proportionnez selon la stature de leurs corps (8). Et vous aultres animaux estes faictz au contraire, car en vous n'a aulcune proportion de membres, et je le vous veulx déclarer distinctement.

De la proportion des animaulx, et premièrement de l'éléphant

- L'éléphant, ainsi que povez veoir clairement, a le corps fort grand, les aureilles grandes et larges et les yeulx petitz. Le chameau grand corps, long col, longues jambes, petites oreilles et la queue courte. Les bœufz et les thoreaulx grand poil, longues queues, et n'ont point de dents aux mâchoires devant. Les moutons grand poil, longue queue et sans barbe. Les connilz, combien qu'ilz soient petitz animaulx, ils ont les aureilles plus grandes que le chameau. Et ainsi, trouverez plusieurs et quasi infiniz animaulx tous variables, selon la juste (9) proportion en leurs membres, et pour ceste raison appert clairement que nous aultres filz d'Adam sommes de plus grande noblesse que vous aultres animaulx.

LA RESPONSE DE L'ASNE

- Frère Anselme, vous faictes grand péché en mesprisant les animaulx dont vous avez parlé et n'estes tant innocent que ne sçachiez que qui mesprise aulcune œuvre ou en dict mal, le mesprisement ou mal redunde* sur le maistre et autheur de l'œuvre. Vous dictes donc mal du Créateur qui les ha créés ? Et ce provient du foible entendement qui est en vous et n'entendez pas la question. Sçachez que nostre Seigneur Dieu ha créé tous les animaulx qu'avez nommez fort bien et sagement. Et de ce tesmoigne Moyse en *Genèse*, 1. c. (10) où il dict que Dieu veit tout ce qu'il avoit faict, et estoit très bon, c'est à sçavoir qu'en cela n'avoit que redire.

Je veux davantage que vous sçachez que Dieu a faict à l'éléphant grandes et larges aureilles pour d'icelles chasser les mouches de ses yeulx et de sa bouche, laquelle il tient toujours ouverte, à cause des grandz dents que luy sortent dehors, lesquelles Dieu luy a données pour la deffence de son corps. Et à ce que vous dictes que selon la proportion de son corps il deveroit avoir grands yeulx, je veulx que vous sçachés que si ses yeulx vous semblent petitz, la vertu visive qui est en eulx est tant parfaicte et subtille qu'elle peut veoir de cent lieues loing, s'il estoit en quelque haulte montaigne. Vous semble-t-il donc qu'une si grande veuë soit proportionnée avec son grand corps ? Certes ouy et n'y a que redire. Davantage, je veulx que vous sçachez que tous les animaulx du monde qui ont grands yeulx et gros, sortant hors de la teste, ont foible et maulvaise veuë, et ceulx qui les ont petitz ont bonne et subtile veuë.

De la proportion du chameau

Le chameau, pour ce qu'il a longues jambes et fault qu'il vive des herbes de la terre, Dieu tout puissant luy a créé le col long, affin qu'il le puisse baisser jusques à terre et qu'il puisse gratter avecq les dents les extrêmes parties de son corps.

Ainsi et par semblable manière, Dieu tout puissant a créé tous les membres des animaulx desquelz vous avez parlé, pour leurs nécessitez en tous leurs affaires (11). Mais affin que je le face court, je n'en veulx déclarer plus avant, car aussi vous ne l'entendriez pas. Parquoy vostre faulse raison n'est suffisante à prover vostre opinion erronée estre vraye. Pourtant je vous dy que si vous avez aultre raison que la pronunciez, et vous aurez response suffisante.

FRERE ANSELME DICT A L'ASNE

2

- Seigneur Asne, il y a une aultre raison par laquelle nous aultres sommes de plus grande noblesse et dignité que vous : car Dieu tout puissant nous a donné et livré les cinq sens corporelz, lesquelz sont ouyr, veoir, sentir, gouster et toucher ; et combien qu'il les ayt donnez à vous aultres, toutesfois non tant accomplis ny perfaictz comme à nous. Car avec ce, il nous a ensemble donné bonne mémoyre, par laquelle il nous souvient des choses advenir, absentes et passées ; et à vous ne souvient d'aulcune chose sinon du présent, et par ceste raison appert très clairement que nous sommes de plus grande dignité et noblesse que vous aultres.

57

L'ASNE RESPOND ET DICT

- Frère Anselme, ouyant la renommée de vostre science et sagesse qui volle par toute ceste province, avant que je vous cogneusse ny vous eusse ouy parler, sçachez que je vous tenoys en grande réputation et sagesse ; mais à présent trouvant le contraire, vous tiens pour une rude et lourde personne. Hé, homme de Dieu, estez-vous hors du sens et d'entendement ? Ung enfant de cinq ans ne debvroit dire telles parolles, mais avoir honte de les penser tant seulement. Toutesfois, puis qu'avez ainsi perdu la mémoyre, maintenant en vous respondant vous déclareray, si me sçavez entendre, comme Dieu tout puissant a donné à nous aultres animaulx tous les cinq sens corporelz plus entiers et perfaictz qu'à vous aultres, et meilleure mémoire et rétentive. Ouvrez donc à ceste heure vos aureilles et escoutez à mes parolles.

Du premier sens corporel de l'animal

Le premier sens corporel est l'ouyr. Prenez garde si bon vous semble, frère Anselme, que, plusieurs et souventes fois, aulcun des filz d'Adam chevauchant sur quelque animal, soit cheval ou mulet, est fasché de chevaucher, spécialement en esté, pour la grande chaleur, descendant pour soy refreschir et reposer, s'assiet soulz l'umbrage de quelque arbre, tenant ledict cheval ou mulet par la bride. Et venant par le chemin quelque homme de pied, ledict cheval ou mulet l'oyt venir. Oyant son cheminer et cognoissant que son homme ne le oyt, luy vueillant faire sçavoir, tire le frain et dresse les oreilles, regardant du cousté par lequel l'homme vient ; et par telz actes le chevaulcheur esveillé se lève sur pied et regarde à l'endroit où il a veu regarder le cheval ou mulet et veoit l'homme qui est encore à plus d'ung trait d'arbaleste loing du lieu où il est. Et aulcunes fois sent ledict cheval ou mulet venir quelque loup ou chien, et faict lesdictz actes tant et si longuement qu'il cognoist que le chevalier le peut bien veoir ou ouyr. Voyez donc, frère Anselme, lequel a meilleure ou plus subtile ouye, le cheval ou mulet qui, d'ung grand traict d'arbaleste, oyt venir l'homme à pied, ou le chevaucheur que, après que l'homme à pied est devant luy et le salue, il n'oyt ses pas, ny ceulx du chien qui passera devant luy. Et cent mille aultres prouves vous donneroys de cela. Mais affin que ne prolonge mon parler, je veulx mettre et faire response à vos prouves et raisons.

Du second sens corporel de l'animal, qui est le veoir

Le second sens corporel des animaulx est le veoir. Quel homme est aujourd'huy au monde, frère Anselme, de tant parfaicte et claire veuë qui puisse veoir choses petites d'une lieue loing ? Et l'aigle ou le voutour voient et regardent de plus de cinquante lieues hault en l'air le connil, ou la perdrix, ou quelque autre animal vif ou mort en la terre. Et quand à la perfaicte veue des animaulx, il se montre clairement, frère Anselme, aux grandes ténèbres où il faict obscur, et où les filz d'Adam ne peuvent rien veoir sans lumière, les nobles lyons et aultres animaulx, généralement jusques aux chats, chiens et rats, voyent et regardent mieulx et plus clairement que ne font les filz d'Adam et plain jour.

L'Asne parle de la parfaite veue de l'asnesse du prophète Balaam

Vous verrez davantage, frère Anselme, si vous lisez au Chap. 22 du livre des *Nombres* traictant de l'asnesse du prophète Balaam, quand le roi Balac l'envoya pour mauldire le peuple d'Israël. Et nostre seigneur Dieu envoya son ange, avec l'espée en sa main, affin qu'il ne le laissast passer plus oultre, parquoy l'ange se mist au millieu du chemin. Et voyant l'asnesse l'ange debout avec l'espée, eut peur et se arresta. Et le prophète ne voyant point l'ange donnoit des esperons à ladicte asnesse pour la faire passer oultre. Et elle ne pouvant souffrir l'injure que ledict prophète luy faisoit, luy perçant les costez avecques les esperons, dict : «Mon seigneur, pourquoy me talonnes-tu ainsi ? As-tu jamais veu que je t'aye faict chose semblable ? Tu me bats pour ce que je ne passe oultre, et je ne puis passer pour l'empeschement de la voye». Là, dict le Texte, frère Anselme, que nostre seigneur Dieu ouvrit les yeux audict prophète ; et en regardant, il vit l'ange, et incontinent luy dict : «Pardonne-moy, car je ne sçavoye pas que tu fusses icy». Et l'ange luy dict : «Si n'eust esté que l'asnesse s'est arrestée, je t'eusse tué». Et après luy commanda de par Dieu qu'il ne maudist pas le peuple d'Israël ; et le feist ainsi (12). Dy-moy donc, frère Anselme, qui a meilleure veue, ou les animaulx qui non tant seulement voient les choses cor-porelles, mais encores voient et regardent clairement les spirituelles, ainsi que font les anges, et vous aultres filz d'Adam ne voyés sinon les choses corpo-relles. Et cent mille autres preuves vous pourroye donner. Mais je m'en déporte* pour faire courte nostre dispute et de poeur de sonner ennuy à très hault et puissant prince, nostre très cher sire le roy.

Du tiers sens corporel de l'animal

Le tiers sens corporel de l'animal, c'est le sentir. Quel homme est aujourd'huy au monde, frère Anselme, qui puisse sentir et fleurer aucune odeur bonne ou maulvaise de la distance d'ung traict de pierre ? Et les chatz et les ratz sentent et fleurent le formage ou aultre viande de la longueur d'un traict d'arbaleste. Et encores le maistre des *Propriétez* (13) donne plus grand tesmoignage de cecy, qui est fils de Adam comme vous, disant que le voultour sent les choses mortes de cent lieues loing (14).

(De la nature du scarabot)

Les scarabots* sont adonnez à vivre de la fiente des chevaulx, muletz et asnes. Et si vous voulez regarder quand aucuns desdictz animaulx a fienté par le chemin, il n'y aura au monde ung seul scarabot, et tantost et soubdainement en verrez venir infinitz de toutes pars, tant est subtil leur sentiment, que de dix ou douze lieues sentent et fleurent leurs viandes.

(De la nature des lévriers et chiens courans)

Voicy encores une chose plus merveilleuse que les chiens tous en général et les lévriers qui sont plus dignes en espécial, par manière de parler, suyvront les pas, sentans les traces du connil, lièvre ou perdrix, suivant tousjours la voye où seront passez lesdictz animaulx. En cela, frère Anselme, n'est suffisant aucun filz d'Adam ; mais au contraire si lesdictz chiens qui sont de noz animaulx ne leur monstroient la chasse, jamais par eulx-mesmes ne la pourroient trouver. Et laisse toutes aultres choses, de poeur de prolonger nostre dispute.

Du quart sens corporel de l'animal

Le quart sens corporel de l'animal est le gouster, du quel, si bien regardés, frère Anselme, vous verrez les chevaulx, muletz, bœufz, moutons et aultres animaulx, quand ilz pasturent, qu'ilz seront entre plusieurs herbes de divers goustz et saveurs, qu'ilz preignent les herbes de bonne et doulce saveur et les mangent, et les aultres de maulvaise et amère saveur ilz les laissent.

Et de ce quart sens et du cinquiesme vous donneroys à présent cent mille preuves, comme Dieu tout puissant les a donnez à nous aultres animaulx, plus entiers et parfaitz que non à vous. Mais je m'en déporte* , de poeur de non donner ennuy au très haut prince nostre sire le roy et à ses vénérables barons, lesquelz ne demandent ny ne s'aggréent sinon en briefz propos, avecques grande science desdictes choses. Et quand à ce que dictes que Dieu tout puissant, avec lesdictz cinq sens corporelz, vous a donné bonne mémoire et meilleure rétentive que à nous, pour lesquelles choses vous vous souvenez des choses passées, ce que à nous il n'a donné et qu'il ne nous souvient sinon de ce que nous voyons en présence, je vous respond que vostre dire est faulx.

L'Asne déclare à frère Anselme la bonne mémoire des animaulx

Car ainsi que vous-mesmes sçavez et par pure expérience vous voyés tous les jours, les mulets, asnes et bœufz, puis que une fois ou deux ont esté de la vigne ou du jardin à la maison, incontinent après ilz sçavent retourner tous seulz que nul ne les meine ou guide. Et vous aultres irez une fois ou deux par ung chemin, et y retournant encores une aultre fois, vous fourvoierez et fauldrez audict chemin.

(De la nature des irondelles)

Frère Anselme, vous voyez les petitz des irondelles voler après qu'ilz sont grandz, et que l'esté passe et l'yver approche, pource qu'ilz sont fort délicatz et craignent le froid, s'en vont avec leurs pères et mère yverner aux parties des Indes, esquelz lieux, quand l'yver est icy, là est l'esté. Et font cela pour estre en tout temps chauldement. Et après le printemps, qui est attrempé* entre chauld et froid, retournent icy en noz terres, et si les verrez venir tout droict chantans en grand joye et soulas aux maisons ou lieux où sont leurs nidz qu'ilz avoient laissez l'an passé, et réédifient aultres nidz de nouveau pour leurs repos et pour en iceulx faire leurs petitz. Et après, ainsi comme je vous dy, l'esté passé, ilz s'en retournent tous aux parties des Indes tout droict, sans se fourvoyer ny faillir jamais leur chemin, allant d'icy là, ne venant de là icy ; mais en tout temps leur souvient du lieu de leur habitation.

(De la nature des oyseaulx et aultres animaulx)

Semblable chose font les torterelles et les cygoignes, et plusieurs aultres oyseaulx, que, si je te vouloys dire comment ilz se gouvernent en leur départir et retour, je seroie trop long. Semblablement comme avec grand diligence font leurs guerres bien et ordonnesment, allans et logeans ensemble. Qu'ainsi soient les grues, quand vient le temps de leur partement, font faire la cryée à deux ou troys, qui vont quinze ou vingt jours criant à haulte voix par l'air, que toutes s'assemblent pour aller yverner en leurs pays chaulx (15). Je m'en tairai donc pour ceste heure.

(De la bonne rétentive des hommes)

Il n'est pas ainsi de vous aultres, frère Anselme. Si ung de vous qui sera de Mallorques s'en va à Barcelonne et est convyé par aucun sien amy en sa maison, retournant en Mallorques, si une aultre foys retourne en Barcelonne, bien souvent oubliera la rue où est la maison de son amy qui l'avoit convié l'aultre année, et, s'il ne demandoit aux habitans de Barcelonne où est la maison d'ung tel, jamais ne la trouveroit.

(Dict donc l'Asne)

Lequel donc vous semble, frère Anselme, qui ait meilleure mémoire, ou nous aultres animaulx, ou entre vous aultres hommes ? Par quoy si vous avez aultre raison, dictes-la moy ; car ceste n'est pas suffisante pour prouver que Dieu vous ait donné meilleure mémoire ou souvenance qu'à nous aultres, mais est tout au contraire comme je vous ay dict et déclaré. Ne vous vantez donc de pouvoir couvrir le soleil avec ung crible (16), car vous ne le sçauriez faire.

FRERE ANSELME DICT A MONSIEUR L'ASNE

3

- Seigneur Asne, puis que mes raisons susdictes ne vous plaisent, maintenant je vous prouveray par vives raisons que entre nous filz d'Adam sommes de plus grande dignité que vous aultres animaulx, et que c'est chose digne que nous soyons voz seigneurs, et vous aultres noz vassaulx et subgietz. Et ce pour nostre beau sçavoir et grande discrétion, avec subtilité d'entendement et plusieurs sciences, bon conseil et prudence que nous avons, observons et gardons en noz governements, faictz, marchandises* et plusieurs droictz que nous avons, par lesquelz nous suivons les voyes justes et bonnes, et laissons et abhorrons les faulses et maulvaises voyes. Et qui suyt la bonne voye et faict bonnes œuvres est guerdonné et récompensé, et qui suit la voye contraire est puny selon la mauvaistié. Et vous aultres n'avez riens de cela, sinon comme bestes irraisonnables qui faictes tous vos faictz et œuvres bestialement et sans qu'il y ait aucune raison en voz actes.

RESPOND L'ASNE

- Hé frère, hé frère, penser avant que parler c'est sagesse (17), et vous faictes le contraire qui parlez devant que penser, et cela est grande et haultaine follie meslée avec plus grande ordure. Mais je ne vous dy pas qu'en noz grandz et notables animaulx, mais encore aux plus petitz, trouverez semblable et plus grand sçavoir, discrétion et subtilité d'esprit, et bon conseil, avec prudence meilleure que n'est la vostre. Nous avons entre nous plusieurs droicts et usages par lesquelz qui faict ce qu'il ne doibt est puny et qui faict bien est

62

récompensé, comme je vous déclareray, si vostre rudesse le peut entendre, selon mon esprit et entendement. Prenez donc garde à mon dire.

La nature et gouvernement des abeilles ou mousches à miel

Le premier des petitz et subtilz animaulx est l'abeille, que si vous prenez garde, frère Anselme, verrez comme elles se gouvernent en leurs habitations, soubs la conduicte et onéissance de leur roy (18), lequel habite au meillieu de ses gens. Et après au printemps et en esté, de jour et de nuict quand la lune luyt, sortent tous générallement et vont assembler la cire des feuilles et des herbes très subtillement avecques les pieds et mains, et après assemblent le miel dedans les feuilles et fleurs des herbes, et des arbres, et des aultres plantes. Et de la cire font leurs maisons et habitations en diverses manières, les unes rondes, les aultres quarrées, les aultres à triangle ; aultres faictes à cinq ou six quarrés* pour y demourer et habiter ; aultres comme boutiques et lieux pour mettre leurs viandes et provisions pour l'yver ; et aultres comme chambres pour nourrir leurs petitz, et dormir en yver, et les accoutrent comme boutiques ou magasins ; et après qu'ilz les ont emplies de miel pour la provision de l'yver, elles les ferment d'une bonne et gente closture de cyre afin que nulle d'entre elles n'y touche jusques en yver. Et lors toutes en général, sans propriété nulle, mangent en commun. Et après que l'yver est passé, au printemps retournent à leur mestier ainsi comme paravant. Et leurs ordonnances sont ainsi faictes que celles qui ne viennent de bonne heure, dorment dehors. Qui faict mal est puni, leur couppent aucunesfoys ung pied, ou une main, ou la teste, selon que requiert et mérite le crime, mettant les pièces en la voye par où elles passent, pour donner l'exemple aux autres, pour bien faire et laisser le mal.

Des mousches guespes

Les mousches guespes font le semblable, excepté qu'elles n'assemblent point de miel, et leurs roys aussi de mesme, desquelz si je vous disoye les ingénieuses besongnes qui sont en leurs demourances pour nourrir leurs petits et comment eulx-mesmes se gardent de froid et de chault par les forestz et soulz les umbraiges, ce seroit chose fort longue, par quoy je m'en déporte*. Vous est-il donc advis, frère Anselme, que lesdictes abeilles soient sages et ingénieuses ? Certes oy, et ne pourrez dire du contraire pour nulle raison.

De la nature des formis

Aultre petit et subtil animal est la très saige et discrète formis, la sagesse et expérience de laquelle voyant Salomon, ung des filz d'Adam qui a esté le plus saige et discret qui soit entre vous aultres, vous reprenant, dict au livre par luy faict appellé les *Proverbes*, au chap. 6 : «O paresseux, va-t-en à la formis et apprens d'elle sens et discrétion, et regarde la peine qu'elle prent en esté pour amasser sa nourriture, afin que soy reposant en yver se donne plaisir et joye» (19). Or regardés, frère Anselme, et contemplés en vous-mesmes comme sagement et discrètement ilz édifient leurs maisons et habitations des-soulz terre en diverses sortes et manières : les unes longues, les autres larges, les unes pour habiter et demourer, les aultres comme boutiques et magasins pour mettre leurs viandes et provisions de l'yver, les remplissant de froment, orge, lentilles, febves, pois et aultres victuailles. Et si par adventure, à cause du lieu reumatique* ou pour la pluye, leurs vivres sont mouillez, quand ilz voient qu'il faict beau jour et beau soleil, elles les tirent dehors pour les essuier et seicher ; et quand ilz sont secz, les rapportent dedans leurs boutiques et magasins où ilz estoient premièrement. Et davantage pour la crainte qu'elles ont que leurs dictz vivres ne se germent à cause de la chaleur et humidité, qui sont deux causes de génération, trenchent en esté et partissent le grain du froment en deux parties. Et de l'orge, febves, lentilles, ostent l'escorce et cognoissent elles-mesmes par leur sagesse et discrétion que le grain du froment séparé en deux parties, et que l'orge, febves et lentilles dont l'escorce est ostée ne peuvent jamais germer.

Davantage en esté se lèvent de grand matin et sortent de leur habitation, vont cercher vivres, et ce que chascune trouve à manger, combien qu'elle ait fain, n'en vouldroit pour riens du monde avoir mangé, mais l'appor-tera loyaument en la maison, afin qu'il soit mangé en commun, sans aucune propriété.

Davantage, si aucune desdictes formis trouve grand quantité de vivres, s'en retourne fort sagement à ses compaignes, portant ung grain de ce qu'elle a trouvé pour leur monstrer, et lors toutes ensemble, ou la plus grande partie d'elles, s'en vont avecques l'aultre jusque à ce qu'elle leur ait monstré le lieu, et portent les vivres en leur maison et habitation. Oultre plus, si aucune d'elles trouve grande quantité de vivres, si comme une pièce de miel ou aultre semblable chose, voyant qu'elle ne peult seulle suffire à porter si gros faiz, tout incontinent s'en retourne à la maison et le dénunce aux aultres. Et lors toutes ensemble, ou celles qui se trouvent en la maison, vont avec elle jusques au lieu de la victuaille, et si elles le peuvent porter ou rouler toutes ensemble, l'emportent tout entier ; sinon partissent le tout en plusieurs et diverses parties, et chascune en porte sa part à la maison. Et quand elles sont venues, les aultres leur demandent le lieu de la viande ou victuaille que ladicte formis a trouvé, et leur disant les enseignes* du chemin, tantost s'en vont une à une, et avec celles qui l'amènent la première chose qu'elles font, elles s'arrestent et se baisent, ainsi que font voz dames Cathelaines quand elles rencontrent aucuns de leur cognois-sance en la rue venant des pardons, et leur demandent le chemin, suyvant les enseignes* jusques à ce qu'elles viennent au lieu de la victuaille, et portent leur part à la maison comme leurs aultres compaignes.

Se gouvernant toutesfoys soubz l'obéissance de leur roy. Et celle qui faict mal est punie selon que le crime est grand ou petit, luy coupant main, pied ou teste, et les corps de celles lesquelles par juste sentence ont esté mises à mort sont gettez au chemin le plus prochain de leur habitations, pour donner exemple aux aultres de non faire cas semblable. Et le corps de celles qui meurent par maladie est enterré soulz terre en lieu de sépulture. Oultre plus, si par cas d'adventure advient que aucune d'elles soit blessée par quelque filz d'Adam ou aultre animal, et qu'il luy soit couppé aulcun membre, comme piedz, cuisses ou mains, pour laquelle chose elle ne puisse retourner à la maison, incontinent et au commandement de leur roy, elles vont toutes au lieu et l'apportent à la maison où elle est bien pensée jusques à ce qu'elle soit guarie ou morte. Donc, frère Anselme, vous semble-t-il qu'en nous aultres ait autant de sagesse et tant de sens comme en vous ? Certes ouy, et davantage. Et en cela, nul qui veult user de raison ne peut contredire.

De la nature des langoustes*

Je vous veulx parler, frère Anselme, de la sagesse de la langouste. Comme après que l'esté est passé, elles tranchent la terre grasse et y font une fosse, en laquelle mettent leurs œufz, et les mettant soulz terre, s'en vont et s'en volent aultre part, et sont la plus grande part mangées des oyseaulx, et les aultres à cause du grand froid et gelée meurent. Et après, quand le printemps est venu et que le temps est chauld et humide, qui sont deux causes génératives, incontinent lesdictz œufz sortent, et naissent langoustes tant petites qu'il semble que ce soient formis de couleur noire, et commencent à manger et à ronger les herbes, et leurs croissent les ailles, et en volant s'en vont pour leurs affaires. Après mettent leurs œufs soulz terre, ainsi comme je vous ay dict, et font ainsi comme ont faict leurs prédécesseurs, sçachans que s'ilz laissoient leurs dictz œufs sur la terre, ilz seroient cassez, et par temps de gelée par le froid qui les gèleroit, se gasteroient tous ; par quoy ne sortiroient point, qui seroit cause que leur nation seroit de brief finie et exterminée du monde. En après, elles se gouvernent et conduisent toutes soubz ung roy, et nul de leur compaignie n'ose voler jusques à ce que ledict roy volle. Aussi ont entre elles plusieurs ordonnances et coustumes, et qui va au contraire est grifvement puny, lesquelles seroient fort longues à racompter. Par quoy cerchez aultres raisons ou preuves pour maintenir vostre faulce opinion, et vous aurez soubdaine responce ; mais ne parlez jusques à ce que ayez pensé que vous devez dire, et vous ne pourrez faillir.

FRERE ANSELME DICT A L'ASNE

4

- Seigneur Asne, il ne fault ja penser pour cela. Vous sçavez assez et cela est chose claire à tous que les gens constituez en dignité et noblesse mangent les délicates et délicieuses viandes, et ceulx de moindre dignité ou noblesse mangent les grosses viandes et de moindre saveur. Donc, nous aultres filz d'Adam mangeons plusieurs précieuses et délicates viandes, comme pain de bonne et blanche fleur ou farine, grues, pigeons, faisants, perdrix, beccasses, oyseaulx de rivière, hérons, cygoignes, plongeons, allouettes, chappons, poulles d'Inde et communes, ramiers, coulombes, torterelles et toute aultre volatille. Et davantage cerfz, biches, chevreaux, daims, procs, sangliers, lièvres, connilz et toute aultre sauvagine ; chevreaux, aigneaux, veaux, moutons, bœufz. Et plusieurs aultres viandes, tant rosties que boulies ou paste, en plusieurs et diverses espèces et saulces, comme saulce blanche, saulce noire, saulce grise, cameline*, poyvrade, vinaigre, verd jus, saulce verd, moustarde, navetz, aulx, oignons, choux, poreaulx, espinarts, laictues, oranges, et plusieurs aultres sortes de saulces, selon qu'à chascune sorte de chair appartient. Ainsi mesme des poissons : esturgeons, saulmons, truytes, lamprayes, solles, rougetz, grenault*, barbües, esquelfins, turbotz, thongres*, marsouins, brochetz, carpes, perches, tanches, loches, escrevices, anguilles, et plusieurs aultres et quasi infinies viandes et manière de poissons gros et menuz. Quand à nostre délicieux et savoureux brevage, je vous veulx dire que nous avons plusieurs délicatz et savoreux vins, ainsi comme malvesie, romanie, bastard*, muscat, vins frecz et de Corse, vernasse*, rosette, hypocras (20), et infinitz aultres vins blancz et vermeilz, fort subtilz, puissantz, aspres, pleins de liqueur, doulx et bruscz*, desquelz beuvons à nostre plaisir en tout temps de l'année selon que la disposition et qualité du temps le veult et requiert.

Et vous aultres animaulx n'avez semblables viandes ny breuvages. Est-ce pas assez suffisamment prouvé que entre nous filz d'Adam sommes de plus grande dignité et noblesse que vous aultres animaulx ? Et en tout ce, nul qui a usage de raison ne peut ny doibt dire au contraire.

RESPOND L'ASNE A FRERE ANSELME

- Frère Anselme, vous me faictes quasi rire, combien que je n'en aye envie. Bon homme de Dieu, où est vostre sens et la subtilité que souliez avoir ? Il semble ja que vous soiez plus lourd et plus grossier qu'ung paisant. Vous cuidez louer les filz d'Adam et vous les vituperés, comme ainsi soit que ne pouvez avoir les viandes que vous avez dictes et nommées, sinon en les achetant pour le l'argent. Et vous ne pouvez avoir l'argent, sinon en grand travail, douleur, tribulation et crainte meslée avec peine : en marchandant, bataillant, navigeant, chevaulchant. Plusieurs et diverses foys, en voulant amasser argent, vous mourez et estes noyez, penduz, escorchez, décapitez, bruslez, chassez et emprisonnes, perdant membres, aureilles, mains et pieds. Et après que vous avez gaigné quelques deniers, estes en plus grand crainte que vous n'estiez auparavant, pensant comme vous les garderez, comme vous les multiplierez, aient tousjours paour et crainte qu'ilz ne vous soient ostez par la seigneurie. Vous laissez de prendre plusieurs plaisirs et délices pour la crainte qui est en vous, disant : «Si je fais telle chose, la justice se pourra adresser à moy et me faire perdre mon bien». Aussi avez à souffrir plusieurs hontes, injures et despitz, dont ne vous osez venger pour crainte de la justice et peur de ne perdre les deniers. Et après en l'aultre monde avez à rendre compte comme vous les avez gaignez et en quoi vous les avez employez et despenduz. Et si vous avez mal usé, yrez au feu infernal duquel jamais ne pourrez sortir. Et après qu'avez amassé argent, si ne pouvez-vous avoir pain de blanche fleur ou farine, sinon avec grand mal, grand travail et sueur de vostre visage, car vous avez à labourer, semer, cuillir, moissonner, et séparer la paille du grain, crybler, mouldre, pestrir et cuyre au four, et tout cela avec grand anguoisse et travail. Et mesmement aussi à cuyre les aultres viandes, coupant boys, allumant feu, plorant à cause de la fumée qui entre par les yeulx, pilant, broyant, passant, coulant, pressant et chauffant les saulces et espèces par vous nommées.

L'Asne dict à frère Anselme les viandes qui leur sont propres

Frère Anselme, nous aultres mangeons délicatement les viandes, ainsi comme bon froment, orge, aveyne, seigle, mil, febves, pois, lentilles, rys et semblables semences. Et quant aux fruictz, nous mangeons raisins, figues, pesches, abricotz, prunes, pommes, poyres, cerises, grenades, citrons, melons et plusieurs aultres bons fruictz de diverses sortes.Et ne mangeons jamais sinon des plus meurs et des meilleurs, et advient que quand vous aultres voulez cuillir d'iceulx fruictz pour vostre manger, vous ne trouvez que les plus meschans et vieulx, et mangerez tout cela joyeusement. En dépit de vous, sans que nous en payons maille ny denier, vous aultres payez et nous aultres mangeons. Vous plantez les jardins et nous mangeons les fruictz. Vous creusez les puits et nous beuvons l'eau. Davantaige, nous mangeons plusieurs bonnes ortuailles*, ainsi comme choux, navets, laictues, espinards, et plusieurs aultres sortes desquelles je me tays, de peut d'estre trop long. Et tout sans fascherie ny travail de labourer, semer, cueillir, mouldre, pestrir, cuysiner, ny allumer feu. Et mangeons chascun jour tant qu'il nous est mestier, et le reste laissons à vous aultres qui nous le gardez jusques au lendemain : et fault que de la garde vous payez les vignerons, jardiniers et aultres gardiens. Et quant aux aultres viandes de chair et de poissons, et des saulces dont vous avez parlé en despit de vous, nous animaulx en

67

mangeons plusieurs et diverses fois devant vous aultres : ainsi comme chiens, chatz, ratz, mousches, formis, et ce par leur glotonnie, car nul aultre animal n'en vouldroit avoir mangé.

Je vous dy davantage, que pour les diverses sortes de viandes, lesquelles après grandes peines vous mangez, ils vous survient plusieurs sortes de maladies, ainsi comme fiebvres quotidianes, tierces et quartes, mal d'estomach et de costé, mal de roignons, roignes*, podagres, ydropisie, gouttes, coliques, et souffrez autant de sortes de maladie(s) que vous avez de viandes. Et davantaige, voulant avoir quarison desdictes maladies, il nous convient souffrir plusieurs peines et tormens de faire incision en vostre chair, cautériser avecques le fer chault le lieu du mal, boyre syros, prendre purgations de rude et maulvaise saveur, lesquelles vous font devenir secz, saignées, diettes, et vous fault abstenir des désirs de la chair, et plusieurs aultres travaulx, lesquelx seroient longs à racompter, desquelz nous autres sommes exempts et asseurez.

Donc, frère Anselme, laquelle est la vie des seigneurs ? La nostre qui est sans travail et péril, et reposée ? Certes c'est la nostre, et la vostre est au contraire. Parquoy, si vous avez aultre raison que la dessusdicte, bien vous servira.

FRERE ANSELME DICT A L'ASNE

5

- Révérend Asne, l'aultre raison par laquelle appert clairement et manifestement que nous sommes de plus grande dignité que vous aultres est pour les grands plaisirs et copieuses voluptez que nous avons en nos haulx, grands et amples palais et maisons, belles dances de diverses sortes de dames, pour rire, chanter, jouer des orgues, leutz, harpes, guyterres, violles, viollons, psalterions, rebecz, cornemuses, haulboys, cornetz, trompettes, clerons, tabourins, fleutes, flajoletz, larigotz, et plusieurs aultres sortes et manière(s) d'instrumens aux nopces, festins, banquets et assemblées. Vestans beaulx vestemens, nous aornans de plusieurs belles chesnes, ymages, devises d'or et d'argent, avec plusieurs beaulx joyaulx, à sçavoir pierres précieuses de plusieurs et diverses couleurs, qui ressemblent bien estre choses dignes de seigneurs et non de vassaulx. Je vous ay donc clairement prouvé mon opinion estre vraye et qu'il est raisonnable que nous debvons estre vos seigneurs, et vous aultres estre nos vassaulx et subjectz.

COMMENT L'ASNE PROVE A FRERE ANSELME
LE CONTRAIRE DE SON DIRE

- Il me semble, frère Anselme, que vous estes ung peu doulx de sel (21) et tiré à volunté desordonnée (22). Et tout procède de petit et débile entendement : et ne le tiens à mal, car vous estes désormais vieil et hors de mémoyre. Bon homme de Dieu, ne sçavez-vous pas que les plaisirs desquelz s'ensuivent pleurs et douleurs ne doibvent estre appelez plaisirs ? Comment vous pouves-vous donc louer de ce qui n'est aultre chose que fumée qui tantost passe ? Car vous aultres avez, en lieu et change du festin et des nopces, le convoy qui se faict quand vous estes mors à vous enterrer ; en lieu de rire, les pleurs ; en lieu de joye, desplaisir ; en lieu de chansons, les grands crys à la mort ; en lieu des grandes maisons et sompueux palaix, les estroictes et petites fosses ; en lieu des chambres, les prisons ; en lieu des devises, chesnes et couliers au col ; en lieu de bien, vous advient mal et dommaige. Parquoy cerchez aultre raison pour prouver vostre faulse opinion, car je croy que peu en trouverez désormais.

FRERE ANSELME DICT A L'ASNE

6

- Nostre maistre l'Asne, l'aultre raison pour laquelle nous debvons estre vos seigneurs et vous nos vassaulx, c'est que Dieu nous a donné Loy et non pas à vous aultres ; laquelle Loy nous commande que faisions bien et que évitions le mal (23). En après nous faisons oraisons et jeusnes et donnons dismes et prémices ; nous faisons aulmosnes. Et nous sont venuz des prophètes et messagiers de Dieu et ne sont pas venuz à vous aultres. Parquoy ces choses sont grandes dignitez de seigneurs, telz que nous sommes, ce que vous n'avez entre vous, animaulx.

LA RESPONSE DE L'ASNE

- Frère Anselme, qui beaucoup parle souvent erre (24). Et ainsi en prent-il à vous, et toutes fois vous voulez que vostre raison soit receuë ; et là où vous cuydez faire honneur aux filz de Adam, vous leur faites vilennie et déshonneur, par ce que vous n'entendez pas comme vous parlez, ny ce que vous dictes. Et tout ainsi que vous vous louez que Dieu vous a donné Loy et ne l'a point donnée à nous autres, en cela vous vous faictes grand deshonneur et vitupère* et à nous grand honneur. Comme ainsi soit que si l'homme fust demouré en l'estat que Dieu le créa, il n.eust esté mestier que Dieu luy eust donné Loy ; car Dieu le créa juste, pur, innocent et sans péché, et Luy, trespassant le commandement de Dieu, pécha, parquoy fut incontinent puny et jecté de paradis terrestre. Et ses enfans par envie tuèrent l'ung l'aultre. En après feirent larrecins, rapines, faulx tesmoignages, adultères, blasphèmes' faulx sermens, et plusieurs aultres maulx, vices, abominations et abominables péchez, si comme sodomites et homicides, pour lesquelles choses a esté nécessaire qu'il vous a esté donné Loy, vous voyant faire telles choses. Quant à nous aultres, nous n'en avons certes nul mestier*, car ainsi comme Dieu nous créa le premier jour, ainsi nous avons demouré jusques aujourd'huy, le louant et bénissant, sans faire nul maulvais péché. Parquoy regardez si cela est honneur ou vitupère*, et si avec raison vous vous debvez louer du faict que vous dictes. Quant aux oraisons par lesquelles vous priez Dieu qui vous pardonne les péchez, offenses et maulx que vous faictes, nous aultres n en avons nul besoing, car nous ne faisons mal ne péché.

Icy déclare l'Asne à frère Anselme le jeusne des filz d'Adam

Le jeusne que vous jeusnez Dieu le vous a ordonné par le péché de glotonnie, le faisant justement et ainsi qu'il appartient. Mais vous ne faictes pas ainsi comme Dieu vous commande, ains le jour du jeusne commetez beaucoup plus de péché de glotonnie que à ung aultre jour, car il vous fault plus de viandes et plus exquises que aux aultres jours ; et pour jeusner ung jour, vous avez troys jours bons à bien manger. Car le jour devant le jeusne, vous dictes : «Mangeons et beuvons bien, car demain nous fault jeusner». Le jour du jeusne, dictes : «Mangeons et beuvons bien aujourd'huy, car nous jeusnons». Le lendemain du jeusne, dictes : «Mangeons et beuvons bien aujourd'huy, car nous jeusnesmes hyer». Et tel jeusne, frère Anselme, n'est bon ne juste, ne aussi faict comme Dieu le commande. Et aussi disoit ce grand prophète Esaie en la personne de Dieu, disant : «Est cela le jeusne, comme dist Dieu, que j'ay esleu ? Et voy qu'il veult dire certes non. Mais vaulx-tu sçavoir le jeusne que j'ay esleu ? Brise ton pain à ceulx qui ont faim et fais entrer en ta maison ceulx qui ont nécessité et sont malades, leur donnant de ce que Dieu t,aura donné. Verras-tu ton prochain tout nud, et tu seras par tout couvert ? Car c'est ta chair, parquoy tu ne mespriseras point ton prochain. Ayant faict ainsi, tu invoqueras Dieu et il te exaulcera. Tu cryeras à luy et il te dira : Me voycy !» (25). Mais vous aultres, frère Anselme, ne faictes rien de tout cela à vostre prochain, mais plus tost en dictes mal et en parlez meschamment par grande trahison, car devant sa face luy riez et incontinent en derrière dictes mal de luy et en détractez. Et nous aultres, frère Anselme, ne faisons rien de cela, ny ne sommes flatteurs, disans bien et louans nos semblables en leur présence, ny ne sommes traistres en disant mal d'eulx en derrière.

L'Asne dict à frère Anselme les larcins que font les filz d'Adam

Les dismes, prémices et aulmones que vous faictes, c'est des larcins que faictes les ung aux aultres, ostant cela du bien de vostre semblable, secrettement, aulcunesfois en public et par force, et faisant mal en faulx poix, faulces et desloyalles mesures. En mal acquérant, assemblez tout ce que vous pouvez ; et vous aultres malheureux qui assemblez et amassez pour ceulx qui ne vous en sçauront gré, c'est à sçavoir pour le mari de vostre femme quand vous serez mors, ou pour le mary de vostre fille, ou la femme de vostre filz, lesquelz se donneront du bon temps avec les biens que vous leur laisserez, et vous en rendrez compte à Dieu. Mais nous, nous sommes netz de ces péchez et maulvaistiez, qui est un degré de seigneurie.

L'Asne parle à frère Anselme des prophètes envoyez aux filz d'Adam

Les prophètes, que dictes qui ne sont venuz à nous aultres, mais seulement à vous, c'est à vostre honte et vergoigne. Car les prophètes ne sont point envoyez sinon pour faire faire ce qui est bon et éviter ce qui est maulvais, ainsi que dict toute l'Escripture (26). Et nous aultres n'en avons que faire, car comme je vous ay dict, nous ne faisons sinon tout bien, sans grever* aultruy.

FRERE ANSELME DICT A L'ASNE

- Quel bien est-ce, seigneur Asne, que vous aultres faictes sans mal ? C'est chose vraye que les sauterelles font grand mal et dommaige aux beldz et fruictz ; et mesme aussi plusieurs aultres oyseaulx, ainsi que corneilles et corbeaulx. Davantage les ratz font dommage à toutes choses qui se mangent et aux robes et vestemens, et les millans aux poulletz, les chiens et les chatz desrobent les viandes. Et le loup et plusieurs aultres animaulx vivent de larcins et rapines, ainsi comme les renards qui desrobent les gelines. Parquoy vostre dire est faulx.

L'ASNE RESPOND A FRERE ANSELME

- Frère Anselme, il me semble que vous estes ung peu doulx de sel et légier de poix (27). Comme il soit ainsi que les larcins et maulx que font les filz d'Adam, il ne leur est pas licite de les faire, et les dommages que vous dictes que font nos animaulx dessusdictz, ce n'est pas péché envers Dieu, ains leur est licite de ce faire, car Dieu leur a donné et ordonné vie en semblables choses. Et mesme dict Jésus-Christ en l'Evangile parlant aux hommes : - «Regardez aux oyseaulx du ciel lesquelz ne sèment, ne labourent, et vostre père céleste les repaist et saoule» (28). Vous ne debvez entendre, frère Anselme, que Dieu leur donne à manger avec sa main, mais il veult dire qu'il leur a ordonné vie et manière de vivre, c'est à sçavoir des choses avant dictes. Et cela est dignité de seigneurs manger et boyre et ne travailler point, comme vous aultres. Parquoy, bon homme, laissez aller ceste fantasie et vous tenez pour vaincu, puis que ne sçavez donner raison aulcune qui soit juste ne vraye.

FRERE ANSELME DICT A L'ASNE DES VESTEMENS DES FILZ D'ADAM

7

- Seigneur Asne, l'aultre raison pourquoy nous debvons estre vos seigneurs est pour les beaulx vestemens de soye que nous portons, ainsi comme pourpre, velouz, satin, damas, cotton, lyn et layne, bien fourrez d'ermines, martres, lubernes*, fouynes, cerviers et plusieurs aultres, desquelz voulant parler à présent seroit chose fort longue. Donc, comme semblables vestemens ne soyent sinon pour les seigneurs, et vous aultres estes privez de semblable chose, raison et justice veullent que nous soyons seigneurs de vous et que vous soyez nos vassaulx et subjetcz.

RESPOND L'ASNE A FRERE ANSELME

- Frère Anselme, qui ne regarde devant, il chet en arrière (29). Ainsi vous en prent-il car quant vous parlez, ne pensez pas à ce que vous dictes, veu que vos parolles sont toutes contre vous ; et vous cuydant louer, vous vitupérez, car vous dictes clairement qu'estes larrons, et vous vous tenez pour telz, tant estes surmonté de vostre volunté. Car comme vous sçavez, les plus nobles vestemens que vous portez ou vestez sont de soye et de layne. Et vous sçavez assez que les verms* et animaulx de la soye, par leur grande industrie et sagesse, font leurs maisons de soye pour en icelles demourer, dormir et repouser, pour estre chauldement en yver, pour se garder du vent et de la pluye, et pour faire leurs œufz dedans. Et vous aultres leur ostez par force, leur desrobant pour en faire vos vestemens. Puis donc que la soye sort de leur corps, ilz debvroient plus tost estre appelez seigneurs et s'en debvroient mieulx glorifier et plus justement que vous qui les ostez et desrobez.

L'Asne dict à frère Anselme la nature des animaulx

Ainsi est-il de la layne. Dieu l'a donnée aux animaulx pour les garder du froid, du vent et de la pluye, et vous aultres leur ostez par force et en faictes vos vestemens. Donc vous louez vous faulcement de cela, ce que plus tost debvrions faire entre nous, reprochant à vous aultres filz d'Adam que nous vous donnons pour vous vestir, par le moyen desquelz vestemens vous estes gardez du vent, du froid et de la pluye. Ainsi est-il des formes que vous dictes avoir, car ce sont peaulx de nos animaulx, lesquelles vous leur prenez et desrobez.

(L'Asne déclare à frère Anselme les peines qu'ont les hommes pour eulx vestir)

Mais Dieu tout puissant, lequel ne laisse nul mal impuny, vous punist de vostre mal faict et larcin en ce monde devant qu'en l'aultre, vous donnant plusieurs travaulx et tormens de la dicte soye et layne, à la laver, nettoyer, blanchir, carder, filler, desvuider, tordre, ordir, tiltre*, taindre et coupper ; et mille aultres travaulx, lesquelz seroient longs à compter, et desquelz aurez vergogne et honte en les comptant. N'avez-vous donc point honte en les comptant ? N'avez-vous donc point honte d'en parler seulement, en vous louant de ce dont nous aultres par raison debvrions avoir louange ? Parquoy pensez aultre raison et vous aurez telle response que je vous feray taire.

FRERE ANSELME DICT A L'ASNE

8

- Messire l'Asne, encore davantage debvons estre vos seigneurs, pour autant que nous avons roys, princes, ducz, marquis, contes, barons, seigneurs, prélatz, docteurs, philosophes, présidens, conseilliers, advocatz, procureurs, secrétaires, notaires, rimeurs, chantres et laboureurs. Et toutes belles choses appartiennent à seigneurs et non à vassaulx, telz que vous aultres animaulx estes.

L'ASNE RESPOND A FRERE ANSELME

- Frère Anselme, ung bien faict ne couste rien (30). Vous descouvrez toujours tous vos maulx, vous voulant faulcement louer. Car nous animaulx, tout ainsi que vous, avons roys, seigneurs, officiers, chantres et beaulx parleurs, comme vous avez. Qu'il ne soit ainsi, regardez les abeilles, comme elles sont toutes soulz l'obéissance de leur roy, ainsi comme cy-dessus vous ay dict ; et trouverez que Dieu les a toutes créés avec ung aguillon pour la défense de leurs corps, et a créé leur roy sans aguillon (31), pour donner à entendre que les roys et seigneurs doibvent estre miséricordieux et bénings, sans aguillon de cruaulté et maulvaistié.

L'Asne dict à frère Anselme

- Le roy nostre Sire, que premier debvons nommer, est roy de tous nos animaulx, par sa grande vaillance, noblesse et magnanimité de courage. Il est large et libéral sans avarice, et cela est clair et notoire à tout le monde. Et quant il prent aulcune viande, il en mange fort peu, et le demourant mangent ses serviteurs et courtisans, lesquelz suyvent sa noble court. Quant à sa vaillance, il n'est besoing d'en parler, car luy tout seul assauldra* mille de vous aultres filz d'Adam, et vostre roy avec, qu'il ne tournera pas seulement la face. Et quant vous-mesmes voulez louer quelque filz d'Adam, vous dictes communément : il est vaillant comme ung lyon.

L'Asne parle à frère Anselme des oyseaulx et autres animaulx

- Les oyseaulx ont aussi pour leur roy l'aigle, les formis et les langoustes ont leur roy, comme vous ay dict cy-dessus. D'escripvains et notaires, il ne nous fault point ; aultrement nous en aurions aussi bien que vous. Car telles gens ne servent sinon pour escripre les procès, plaits et questions qui journellement sont entre vous, par les larcins et rapines que vous faictes les ungs aulx aultres, nyant la vérité et soustenant le mensonge. Et nous aultres ne faisons rien de tout cela. Nous avons aussi de très bons architectes, ainsi comme les arondelles, guespes et plusieurs aultres à édifier leurs nidz, maisons et habitations. De docteurs, philosophes, rimeurs et beaulx parleurs nous en avons assez, mais pource que n'entendez leurs langages, vous vous en mocquez, ainsi que faict le Chrestien du Maure et le Maure du Chrestien et de son parler, et cela vient pource que l'ung n'entend point l'aultre. Par semblable manière estes-vous, car, pource que vous n'entendez pas le parler ou langage des animaulx, vous pensez qu'il n'y ayt nulle science en eulx. Et vous veulx donner à entendre que toutes les chansons que chantent les oyseaulx, ainsi que papegaulx, rossignolz, linottes, chardonneretz, allouettes et verdiers, sont toutes faictes en ritme et bien réthoriquement dictées, tellement que si vous les entendiez, elles vous sembleroient beaucoup plus subtiles et mieulx ordonnées que ne sont les vostres. Nous avons aussi bons chantres et musiciens, comme les oyseaulx dessusdictz, desquelz vous-mesmes dictes, quand vous voulez louer aulcun chantre des filz d'Adam : il chante si doulcement qu'il semble ung rossignol.

(L'Asne dict le bon gouvernement du roy des animaulx)

Je vous veulx bien dire et déclarer, frère Anselme, que nos roys sont meilleurs à gouverner leurs subjectz que les vostres et sont plus miséricordieux à ceulx qui sont soumis à eulx que les vostres. Car vos roys n'ayment leurs subjectz, sinon pour le proffit qu'ils ont d'eulx, ainsi comme dismes, truages*, tailles, impositions, gabelles et victuailles, et plusieurs aultres proffitz et utilitez qu'ils reçoyvent d'eulx, et pource que par eulx se deffendent de leurs ennemis. Et cela est ung signe de cupidité et misère, car la raison veult que le roy ou seigneur soit clément, piteux* et miséricordieux, juste, faisant justice en tout temps, qui est rendre à chascun ce qui est sien, ne desguysant la justice par avarice, ne par faveur, ne par crainte, gardant et accomplissant tousjours ce que Dieu veult et commande, qui est le vray Roy des Roys et Seigneur des Seigneurs, ainsi que font les roys des animaulx, selon que cy-après vous déclareray.

Le très hault prince et roy des animaulx est le Lyon. Et sçachez que aux assemblées, brigues*, guerres et batailles, il est tousjours le premier et se met souvent en péril de mort pour ses gens, et ce pour la pitié qu'il a d'eulx. Et ce qui est à eulx, il leur donne, sans qu'il vueille rien avoir prins d'eulx, ne par leur propre gré, ne par force. Aussi vous veulx dire du roy des formis et des langoustes*, comme ilz sont piteux* et miséricordieux en tous leurs faits et gouvernemens, sans qu'ilz prennent jamais nul droit sur leurs gens. Et aussi comme les roys des grues, pour leur grande pitié et compassion qu'ilz ont de leurs subjectz, eulx-mesmes font le guet de nuyt, pendant que leurs gens dorment (32). Et le semblable font tous les aultres roys des animaulx, pource qu'ilz ont pitié de leurs vassaulx et ne usurpent jamais aulcun droit ny truage*, et ne demandent jamais rien à nully.

Quant aux serviteurs et officiers de vos roys trespassez, lors que vos roys nouveaulx entrent en nouvelle seigneurie, ilz font du service (33) à ceulx qui servoient leurs pères et les récompensant mal de leurs bon services, faisant aultres nouveaulx serviteurs. Et bien souvent, affin que la seigneurie soit toute à eulx, ilz tuent leurs frères, oncles et parens, ou les mettent en prison, ou bannissent perpétuellement. Et craignant perdre la seigneurie temporelle, laissent aller et perdre la spirituelle.

Mais entre nous animaulx ne faisons rien de tout cela, quand il advient qu'ung aultre entre en nouvelle seigneurie. Parquoy cerchez autre raison pour prouver vostre faulse opinion estre vraye, et vous aurez response.

FRERE ANSELME DICT A L'ASNE

9

- Seigneur Asne, l'aultre raison que nous sommes de plus grande noblesse et dignité que vous, et par raison debvons estre vos seigneurs et vous nos vassaulx, est pource que nous sommes faicts tous à une semblance qui est semblable à l'unité de Dieu, lequel est ung tant seulement, et vous aultres estes fais à infinies semblances et figures. Aussi Dieu a composé en nous troys choses dignes de grande admiration.

(La première merveille qui est en la semblance des filz d'Adam)

Le premier est que, de cent mille hommes ou femmes, vous n'en trouverez point cinq ou six qui se ressemblent de visaige, combien que tout ce qui est au visaige del'ung soit au visaige de l'aultre, car ilz ont tous front, sourcilz, paupières, yeulx, nez, lebvres, barbes, et avec tout ce, ne ressemblent les ungs aux aultres.

(De la seconde merveille, qui est le parler)

Quant est du second, ilz ont tous langue avec laquelle ilz parlent et chantent. Et si ne verrez jamais que le parler et le chant de l'ung ressemble au parler et chant de l'aultre ; mais si aulcun d'eulx a ung amy cognoissant privé ou familier, lequel soit en lieu qui ne le puisse veoyr et le oyt parler ou chanter, cognoistra ce qui sera et le nommera par son nom, sans que en cela il faille jamais.

(De la tierce merveille, qui est l'escripture)

Le tiers est que les lettres desquelles ilz escripvent sont 23 en nombre (34), et chascune lettre ha sa figure ou semblance. Et, s'il y a cent mille escripvains et que tous escripvent une mesme chanson, combien qu'ilz escripvent tout d'ung encre et avecq une mesme plume, encore avecq tout cela jamais l'escripture ne se ressemble, ains chascune escripture sera cogneuë de la main de celuy qui l'aura escripte.

Et cela est une grande grâce que Dieu nous a faicte. Car si tous les hommes ou les femmes se ressembloyent, plusieurs maulx et inconvéniens s'en ensuyvroient, car le père pourroit avoir affaire avec sa fille, pensant que ce fut sa femme, ou avoir affaire avec la femme de son filz, pensant que ce fut une autre femme. Et aussi mesme feroyent mal les femmes, recepvant en la maison aultres que leurs marys, et cela parce que la semblance seroit toute une : l'ung pourroit entrer en la maison de l'aultre et luy oster tout ce qui trouveroit en la maison, et par ce moyen tout le monde seroit destruit et deffaict. Mesmes aussi on ne sçauroit lequel est le Pape ou lequel est le Roy, car chascun soy vestant de vestures royalles ou papales, se pourroit dire ung Roy ou un Pape que le peuple ne pourroit contre dire ou contester ; et cela par la semblance qui seroit toute une. Davantage le juif ne seroit cogneu du chrestien, ny le maure du juif, et pourroient avoir affaire avec les chrestiennes. Et infiniz aultres maulx se ensuivroient, si tous les hommes se ressembloyent, tellement qu'il n'y a mal qui ne s'en ensuivit, et seroit tout le monde perdu.

Semblables maulx et inconvéniens se ensuivroient si tous les hommes se ressembloyent au parler. Car la nuict on pourroit hurter à la porte de quelqu'ung qui seroit absent, en disant : «Ouvrez, madame» ; et lors la dame, pour la semblance de la voix de son mary, luy ouvriroit. Et infiniz aultres maulx et erreurs se ensuivroient que, si je les vouloys tous déclarer, ce seroit chose trop longue.

Ainsi mesme de l'escripture. Si toutes les lettres se ressembloyent, ung simple homme pourroit escripre en la personne d'ung roy quelque lettre addressant à ung gouverneur ou chastellain, lequel tiendroit quelque chasteau pour iceluy roy, luy mandant «sur peine de encourir nostre ire et indignation, que incontinent nostre lettre royalle veuë, tu donnes et assignes le chasteau que tu tiens pour nous en garde, au porteur de ladicte lettre, et venir incontinent devant nostre royale présence». Davantage, escripvant en la personne du Pape, que la présente veuë, ung tel soit mis en possession d'une telle évesché ou dignité. Oultre plus, sa pourroit escripre en la personne d'aulcun marchant à quelque sien facteur* estant en Alexandrie ou ailleurs où il seroit : «Que la présente veuë et sans aulcune dilation*, tu donnes et payes tant de ducatz à ung tel, lesquelz sont pour la valeur que j'ay icy receu de luy». Desquelles choses adviendroit ung grand mal et pour destruyre le monde en ung an.

Mais vous aultres animaulx n'avez rien de tout cela, ny de ces merveilles, ains vous vous ressemblez tous. C'est à sçavoir tous les lyons se ressemblent, tous les bœufz se ressemblent, tous les moutons se ressemblent. Et pour cela entre vous aultres, le filz a affaire à sa mère, le frère à sa sœur, pensant que ce soit sa femme, pource que tous se ressemblent en la face et en tous les aultres membres. Et pource que vous vous ressemblez à la voix ou cry, quand le filz de la vache crye, incontinent la mère s'approche de luy, pensant que ce soit son masle, et le filz a affaire avec elle, pensant que ce soit sa femme ; et tout cela advient pour autant qu'ils se ressemblent de cry et de voix. Telle est la façon des chevaulx et jumens, lyons et lyonnesses. Et en ceste sorte les petitz animaulx, ainsi comme chiens, chatz, ratz, se conduysent. Il appert donc assez clairement que nous sommes de plus grande noblesse et dignité que vous aultres.

L'ASNE RESPOND A FRERE ANSELME ET DICT

- Frère Anselme, il me semble clairement que vous estes hors de vostre mémoyre, car pour vostre oultrecuydance, vos parolles sont follies et fantasies, et n'entendez la question. Car si vous estes tous d'une semblance mesme, aussi tous de diverses et quasi infinies voluntez et langues ; et estes divisez en une chose, en laquelle, si vous estiez sages, ou qu'il y eut en vous quelque discrétion, vous debvez estre tout d'ung accord, c'est à sçavoir en la loy de Dieu et en la foy de Jésus-Christ son filz, en laquelle vous debvez estre saulvez. Car il y a entre vous aultres des maulvais (35), des juifs, des chrestiens, des turcs, des sarrazins, des tartares, des saulvaiges et aultres infinitz (36), lesquelz n'ont ne entendent aulcune loy. Et toutesfois chascun d'eulx dict et croyt qu'il tient et

suit la vérité, et tous les aultres trouvent et suyvent le mensonge et faulseté ;
et de cela jure et faict serment et croyt fermement qu'il est ainsi. Aultres d'entre
vous laissent Dieu tout puissant et adorent le soleil, les aultres la lune, les aultres
les ymages et ydoles d'or, d'argent et de pierres, lesquelles ne vallent ny ne peuvent valoir rien, ny pour eulx-mesmes, ny pour les aultres.

(Des animaulx, lesquelz sont tous faictz en plusieurs semblances, et comme ilz sont tous d'une pensée et volunté à adorer ung seul Dieu qui les a créez)

Nous aultres, avec nos diverses semblances, tout d'ung accord
et d'une pensée, croyons et adorons ung seul Dieu, lequel nous a faictz. Et luy,
voyant nostre bonne et pure intention, nous donne à boyre et à manger sans
peine, sans travail de labourer, de semer, ny creuser puits. Et vous aultres, avec
telle et si belle semblance que vous dictes avoir, pource que vous ne faictes pas
ce qu'il veult et commande, il ne vous donne à manger ny à boire, sinon avecques grand travail et sueur de vostre visaige. Donc, frère Anselme, lequel vous
semble de plus grande noblesse et dignité, manger et boyre en lyesse et repos,
ou manger et boyre en travail et tristesse ?

Et quant à ce que dictes de nos semblances et de nos voix, pour
raison desquelles dictes que avons affaire avec nos mères et avec nos sœurs, vous
ne sçavez ce que vous dites, car nous ne faisons point semblables choses par
faulte de cognoissance, mais nous le faisons pource qu'il nous est licite, et Dieu
ne le nous a pas défendu, et le vous veulx déclarer, si le pouvez entendre. Frère
Anselme, ainsi comme vous pouvez veoir par claire et manifeste expérience,
tous les jours advient qu'il naistra en une nuict cent ou deux cens animaulx,
veaulx ou chevreaulx, et le lendemain leurs mères vont à la pasture et leurs
enfans demourent à la maison. Et sur l'heure de vespres, au retour de la pasture, combien que toutes se ressemblent en leurs faces et en leurs voix, toutesfois chascun des enfans va tout droict à sa mère, sans qu'il soit mestier* que
quelqu'ung leur monstre, et ne fauldront point, c'est à sçavoir que nul d'entre
eulx ne s'adresse à aultre qu'à sa mère propre. Vous pouvez donc assez clairement veoir que avoir affaire à nos mères et sœurs n'est pas faulte de cognoissance que nous ayons, mais Dieu la nous a donnée meilleure et plus perfaicte
qu'à vous. Car vous aultres, combien que ne vous ressemblez en rien, ains chascun a sa semblance et voix toute différente de l'aultre, qui est chose plus facile à
cognoistre, toutesfois quand vous naissez, je ne dy pas le lendemain, mais vous
estes encore cinq ou six moys que journellement vos pères et mères, et avec tout
cela ne les cognoissez et ne sçauriez faire discrétion ou différence d'eulx avec
aultres personnes estranges. Mais vous appellez tous les hommes que vous voyez :
«papa», et toutes les femmes : «mama», pensans que tous les hommes sont vos
pères et toutes les femmes vos mères.

Donc, bon homme de Dieu, quand vous vouldrez parler, pensez y bien premièrement et vous ne fauldrez point. Et si vous avez aultre raison pour prouver vostre faulse opinion, amenez-la en avant et vous aurez response.

FRERE ANSELME DICT A L'ASNE

10

Révérendissime Asne, la raison pour prouver que nous sommes de plus grande noblesse et dignité que vous aultres animaulx et que par juste raison debvons estre vos seigneurs, est que nous vous vendons et acheptons, nous vous donnons à manger et à boyre, et vous gardons de chault et de froit, des lyons et des loups, et vous faisons des médecines quand vous estes malades, faisans tout cela pour la pitié et miséricorde que nous avons de vous. Et nul communément exerce telles œuvres de pytié, sinon les seigneurs à leurs subjectz et esclaves.

L'ASNE RESPOND A FRERE ANSELME

Frère Anselme, vostre raison est de petite valeur. Car, si pour nous achapter et vendre, nous debvons estre vos subjectz et esclaves, et vous nos seigneurs, donc, par semblable raison, doibvent estre les chrestiens et les maures, mais cela n'est sinon force et usurpation : et où la force règne, droit ne raison n'ont lieu (37). Et quant à ce que dictes que vous nous donnez à manger et boyre, et nous garder de froid, de chault et de tous maulx, vous ne le faictes sinon pour le profit de vous-mesmes, car nostre bien est vostre proffit et nostre mal est vostre dommage. Et ne le faictes pas par pitié ne compassion que ayez de nous, mais vous le faictes de crainte que vous avez que nous ne mourions, car par nostre mort vous perdez les deniers desquels nous avez achaptez. Et vous ne bevriez poinct de laict ny ne mangeriez point de fromage, de beurre ny de cresme ; vous n'auriez point de laynes pour faire draps, ne de peaulx d'aigneaulx pour faire fourreures, ains mourriez de froid ; vous yriez à pied et si porteriez les charges à vostre col, comme bastiers*, sans nostre ayde.

Et de ce que dictes que avez pitié de nous, vous prenez les aigneaulx et chevreaulx et les enfermez, les séparans de leurs mères, et les laissez mourir de soif, affin de boire leur laict, lequel Dieu a ordonné pour leur nourriture, et en faictes fromage, combien que vous ayez fort bonne eauë et plusieurs et diverses sortes de vins que vous pouvez boyre. Avez-vous jamais veu, frère Anselme, advenir que aulcuns d'entre nos animaulx boyvent du laict après qu'ilz sont sevrez et qu'ilz ne tettent plus ? Mais vostre gloutonnie et gourmandise est si grande qu'on ne la peult dire ne compter. Vous estes vieux et mangez du laict.

Davantaige qui est encore pis, vous prenez les veaulx, chevreaux et aigneaux et les tuez ; et après les escorchez et les mettez par pièces, vous fricassez leurs fressures et faictes bouillir leur chair dedans le pot et la rostissez en la présence de leurs pères et mères, ausquelz en faictes le semblable, les rostissant en la présence de leurs filz ; et ilz se taisent et en grande patience souffrent toutes ces peines et cruautez. Où est donc la pitié et la miséricorde que vous dictes avoir des animaulx ?

Plus vous parlez et plus errez et faictes grand honte à vous-mesme, car les gens vous estiment sage et entendu, mais, oyant vos parolles, vous estiment fol et ignorant. Parquoy, si vous avez aultre raison, dictes-la et vous aurez response suffisante et peult-estre telle qu'elle vous fera taire et rendra muet.

FRERE ANSELME DICT A L'ASNE

11

- Seigneur Asne, l'aultre raison et preuve que entre nous filz d'Adam sommes de plus grande dignité et noblesse que vous aultres animaulx est que nous sommes très ingénieux à bastir maisons, tours et palais pour habiter, les faisans de plusieurs manières et façons, ronds, quarrez, et de toutes aultres formes et tailles. Et de cela par la grand subtilité et prudence de nostre entendement. Et vous aultres estes privez de tout cela. Et qui saict faire tout cela est digne d'estre seigneur. Et au contraire, qui ne saict faire telles et semblables choses, justice et raison veullent qu'il soit subjugué et vassal.

L'ASNE RESPOND A FRERE ANSELME

- Frère Anselme, tant plus vous parlez, tant plus faillez, ainsi qu'il me semble, et cuydant avoir assez de sçavoir, vous en estes du tout esloigné. Car s'il y avoit en vous raison ou discrétion aucune, vous verriez apertement que toute la louange que vous vous donnez de la maistrise, vous faictes grande follie de la dire et me semble en vérité qu'estes fort rude et foyble d'entendement. Et cela est clair à ung chascun, pour la sotte louange que vous vous donnez d'édifier, car faisant comparaison de toutes vos œuvres aux nostres, il semble que ce soit mocquerie.

(Comme l'Asne preuve au frère tout le contraire par vives raisons)

Frère Anselme, voyez-vous pas les abeilles comme en bonne ordonnance et soubz un roy se gouvernent, ainsi comme évidemment vous ay dict et déclaré cy-dessus, et comment elles font et édifient joliment leurs maisons par compas, les unes à six quarres*, les aultres à huict, aultres à triangles, aultres quarrées, et ainsi plus ou moins, selon qu'il leur est mestier* ; et les édifient d'une seule matière comme est de cyre. Et les hommes jamais ne font ny peuvent faire leurs habitations d'une seule matière, mais il leur fault sablon, chaux, terre, eauë, pierre boys, fer et plastre. Et encore après toutes ces matières, ont besoin de marteaulx, picz, règles, syes, coignées, esquarres, limes, cordeaulx et aultres mesures et engins* sans lesquelz ne les pourroient bustir ny édifier. Et les abailles n'ont en rien affaire de tout cela, tant est grand leur engin* et subtilité, et n'y a homme au monde que si gentiment et ainsi compassées et mesurées les puisse faire, comme elles font d'une seule matière (38).

Les hyraignes font aussi leurs habitations et palays tout d'une seule matière, c'est à sçavoir de beau fil, et les tissent plus délies que soye en diverses façons, et à claire voye, longues, quarrées, à triangles, rondes, qu'il semble que ce soyent crespes, avec plusieurs cordes et filz, sans qu'elles ayent besoing de fuseau, ny quenoille, ne desvuydoir, ne tournettes*, ne carder, ne tailleur, ne tisserant (39). Et les filz d'Adam ne peuvent ny ne sçavent faire une aulne de drap ou de toille sans lesdictz engins. Semblable chose des arondelles touchant l'édification de leurs habitations (40), et des aultres oyseaulx à faire leurs nidz sur les lieux haulx, tant proprement faictz qu'ils semblent bien estre faitz par bonne géométrie et mesure (41).

Donc, frère Anselme, lesquelz sont plus subtilz en leurs œuvres, les filz d'Adam ou les animaulx ? Certes, si vous n'estes hors de sens, vous cognoissez bien et clairement que nos animaulx sont plus subtilz beaucoup que ne sont les hommes.

Maintenant donc me tairay, de peur de donner fascherie à très hault et puissant roy nostre Sire. Et par ainsi cerchez aultre raison et pensez bien à prouver vostre faulse opinion.

FRERE ANSELME DICT A L'ASNE

12

- Monsieur l'Asne, sans y penser, je vous prouveray qu'entre nous filz d'Adam sommes de plus grande dignité et noblesse que vous aultres animaulx. Et ce pource que nous mangeons les animaulx de la terre et de la mer et de l'air, c'est à sçavoir les oyseaulx de plusieurs et diverses sortes. Donc, la chose est claire et certaine que le mangeur est plus noble que n'est pas la chose mangée. Parquoy il appert que nous sommes plus nobles que vous aultres.

RESPOND L'ASNE

- En bouche close, frère Anselme, il n'y entre mousche (42). Bon homme de Dieu, il vauldroit mieulx que eussiez la bouche close que parlissiez folement. Donc, pour la vigueur de vostre raison, les verms seroient vos seigneurs, car ilz vous mangent ; aussi seroient les lyons et voustours vos seigneurs, et tous les autres animaulx et oyseaulx et les poissons de la mer, car ilz vous mangent ; et seroient vos seigneurs les loups, les chiens et plusieurs aultres animaulx. Et qui est encore pis, les poux, pulses, punaises, lentes, syrons et aultres seroient vos seigneurs, car tous ceulx y mangent vostre chair. Dictesmoy donc, par vostre foy, si vostre dispute, qui est sans raison que vous puissiez donner ny assigner, est suffisante ?

Comment une mousche demande licence à l'Asne pour parler

Cela dict par l'Asne voicy une mousche qui se leva sur pied, disant à l'Asne :
- Très révérend respondant, combien qu'il ne me procède de grande discrétion de parler sans qu'en soys requise, toutesfois la grande témérité, audace et ambition que je voys en ce frère ne peut estre sans que je luy die quelques raisons, par lesquelles s'il a peu ou prou d'entendement, cognoistra que les animaulx sont de plus grande noblesse que les filz d'Adam. Parquoy vous plaira permettre que je puisse parler à luy.

L'asne respond à la mousche

- Madame mousche, soubz le bon vouloyr du roy nostre Sire, vous et tout aultre animal qui sçaura donner ou assigner aulcune raison par laquelle puisse apparoir que nous autres sommes de plus grande noblesse et dignité que les filz d'Adam, qu'il la donne et profère maintenant.

La mousche dict

- Frère Anselme, je ne dy pas les plus honorables, nobles et grands animaulx, mais encore les plus petitz et malostruz sont de plus grande dignité et noblesse que vous aultres. Et premièrement vous diray de nous aultres mousches, dont vous ne faictes nul estime et ne nous prisez rien, et ceste est la prove.

La première prove de la mousche

Le principal et le plus grand seigneur de vous aultres filz d'Adam est le Pape, l'Empereur et le Roy. Et quand les grandes festes viennent, ilz se vestent et habillent de riches vestemens de soye, comme pourpre et veloux, et se perfument de plusieurs bonnes odeurs, comme ambre grys, cyvette, musc et aultres ; et lors, grand orgueil leur semble que au monde n'y ayt honneur, ny noblesse plus grande que la leur. Et lors qu'ilz ont tant de gloire, nous aultres mousches, sortans de l'ordure et ayans les mains ordes et salles et les pieds embrenez*, nous mettons en la barbe de vostre Pape, Empereur ou Roy, et là nous torchons et essuyons noz pieds et nos mains embrenées. Et après, s'il nous vient en volunté de pisser ou chier, nous chions et pissons en leurs barbes et vestemens. Et lors, sentant le Pape, Empereur ou Roy, l'odeur de nostre merde que nous avons mise en leurs barbes, disent à leurs serviteurs qui sont à l'entour d'eulx : «Sentez-vous ceste puanteur que je sens ?». Et respondent que non, et ne sçait le paouvre que nous aultres luy avons embrené la barbe. Donc, frère Anselme, lequel vous semble qu'il soit de plus grande dignité et noblesse, nous aultres qui chions et pissons en vos barbes, et des Papes, Roys et Empereurs, et nous torchons les mains et les piedz embrenez* en leurs barbes et aux vostres, ou les filz d'Adam ? Certes, vous sçavez et cognoissez bien que nous aultres mousches, qui sommes des plus malostruz animaulx qui soient au monde, somme de plus grande noblesse et dignité que vous n'estes entre vous. Combien donc davantage doibvent estre les plus nobles et grans animaulx de plus grande noblesse et excellence que vous aultres ? Certes, qui doubte en cela, il est peu sage.

Le mouscheron dict au frère

Après que la mousche eut parlé, se leva sur pied ung petit mouscheron, lequel dict au frère :

- Frère Anselme, la langue n'a point d'os et si parle bien gros (43). Ainsi vous en prend-il, car, parlant ne disant plusieurs folles et téméraires parolles contre les nobles animaulx, ⸢eulx⸥ ne cuident rien dire, mais ce leur est ung si grand desplaisir qu'ilz vouldroient plus tost avoir tous les os et membres couppez que d'ouyr vos parolles, lesquelles certes portent la bannière de petit sçavoir.

La raison et prouve du moucheron

Bon homme de Dieu, si nous aultres qui sommes de plus petitz animaulx qui soient au monde, vainquons et suppéditons* vos papes, roys, empereurs et aultres grands seigneurs, combien davantage feroient les aultres grands et nobles animaulx ! Car nous aultres entrons en leurs chambres, en despit d'eulx et contre leur volunté, criant quand ilz veullent reposer, ne les laissans dormir, les mordans et beuvans leur sang jusques à ce que en soyaons saoulz, et leur faisons tant de despit, les piquans et mordans, que plusieurs fois, par le grand desplaisir qu'ilz se donnent de nous, se donnent eulx-mesmes de souflets, nous cuydans tuer ; et lors en vollant nous échappons. Et après retournons tant de fois qu'il nous plaist, et jusques à ce que soyons remplies et saoules de leur sang, que seulement ilz ne se peuvent défendre de nous. Donc, bon homme de Dieu, taisez-vous et consentez à vostre très révérend respondant. Car selon vostre raison dessusdicte que le mangeur est de plus noble et de plus excellente dignité que la chose mangée, il appert assez clairement que nous sommes plus nobles et plus dignes que vous, car nous aultres mangeons et beuvons vostre sang. Parquoy appert clairement et manifestement vostre opinion et fantaisie estre faulse et non vraye.

La punaise dict à frère Anselme

- Frère Anselme, dict la punaise, nous aultres aussi, en despit de vous, sommes et habitons en vos maisons, palais et chambres, dedans les couches, litz, lodiers*, materas, couvertes, cuyssins et linceulx, et mangeons vostre chair, bet beuvons vostre sang, et chions en vos barbes et robes une merde plus puante que la vostre, que seulement ne vous povez deffendre de nous. Par ainsi povez cognoistre et veoir clairement en quel estime nous vous tenons et combien nous vous prisons, car si nous vous prisions ny peu ne prou, nous ne vous chierions point sur les barbes. Où est donc ceste vostre noblesse de laquelle faictes tant grande mention ? Il me semble, et à vous-mesmes doibt sembler, si vous voulez dire vérité, que nous aultres animaulx sommes de plus grande noblesse que vous aultres filz d'Adam.

Le poux dict à frère Anselme

Après la punaise en soy taisant se fut assise, ung poux se leva sur ses piedz, fort gros et gras, disant :
- Frère Anselme, nous mangeons vostre chair et beuvons vostre sang, et de vos femmes et enfants, et dormons en vos habillemens, litz, linceulx*, et chions en vos cheveulx et barbes, les emplissons de lentes, et vous ne faictes rien de toutes ces choses à nous autres animaulx. Il appert donc la chose estre claire que nous sommes de plus grande noblesse et dignité que vous autres.

La pulce parle

Après que le pouz eut achevé sa parolle, se leva une pulce devant frère Anselme, disant :

- Tout ainsi que nostre cousin germain le poux vous a dict, ainsi vous dys-je que nous aultres, en despit de vous et contre vostre volunté, dormons en vos lictz et beuvons vostre sang. Et pour vous faire plus grand despit, vous entrons aux aureilles, tellement que ne vous laissons dormir ne reposer, et vous embrenons* les linceulx : vous aultres faictes les buées* et les lavez, affin qu'ilz soient beaulx et netz. Laquelle vous semble donc de plus grande noblesse, la nostre qui ne vouldrions avoir chié sinon en linceulx beaulx et netz, ou en vos chemises, ou la vostre qui chiez en retraitz puans que vous faictes ? Et pour la grand puanteur, vous estouppez* le nez pour la grande abomination que vous en avez, et après, fault que vous-mesmes ostiez l'ordure desdictz retraictz. Et nous aultres ne lavons point nostre ordure, mais vous, comme nos serviteurs et esclaves, lavez à belle lessive et savon les linceulx et chemises où nous avons chié et debvons chier. Il est donc assez clair et notoire que nous sommes de plus grande dignité et noblesse que vous.

Le cyron dict à frère Anselme

Après que la pulce eut parlé, se leva sur pied ung cyron, parlant par grand audace, disant :

- Frère Anselme, le commun proverbe dict : «Si tu veulx que je die bien de toy, ne dys mal de nully» (44). Et ainsi par le contraire : «Si tu dys mal de quelqu'ung, il sera encore dict pis de toy». Pource que entre vous filz d'Adam dictes que je suis peu de chose et vaulx encore moins, toutesfois nous autres qui sommes les plus petitz animaulx du monde sommes de plus grande prouesse et valeur que vous aultres. Qu'ainsi soit, la chose est claire que nous nous couvrerons dedans vostre chair, et pour la grande mangeaison que nous vous donnons, vous grattez et frottez, de sorte que plusieurs fois vous escorchez et esgratinez vos chairs, que vous ne pouvez garder de vous desfendre de nous. Il est donc assez notoire et évidens qu'entre nous animaulx sommes de plus grande noblesse et dignité que vous.

Le verm* des dents mâchelières* dict

Après que le cyron eut parlé, se leva ung verm des dens mâche--lières, me disant ainsi :

- Frère Anselme, vous sçavez bien combien de travaux et molestes nous vous avons donné l'an passé, tellement que nous avons laissé bien peu de de dents dedans la bouche. Parquoy ainsi comme par expérience avez esprouvé par vous-mesme, sçavez que en pareil cas faisons encore pis tous les jours à vos propres roys, empereurs et aultres grands seigneurs, leurs donnant tant de fascheries et douleurs que ne les laissons dormir ne reposer. Et pour la grande et extrême douleur que nous leur faisons, plusieurs fois souhaytent la mort. Et par quelques médecines qu'ilz prennent ne peuvent jamais guérir jusques à ce qu'ilz les facent arracher. Et en ceste manière les faisons estre sans marteaulx* et sans dents en la bouche. Pour laquelle chose, ilz perdent la moytié du plaisir de manger, car ilz maschent les viandes en grand peine et travail, et ne peuvent manger sinon viandes molles, qui leurs est grand desplaisir et mélencolie, dont ilz ne se peuvent défendre de nous. Il appert donc manifestement que nous avons plus de souveraineté sur vous que vous sur nous. Et par conséquent, sommes de plus grande noblesse et dignité que vous.

Respondez à ceste heure si ce que moy et mes compaignons vous avons dict est vray ou faulx, car, pour certain, vous n'estes si gros ny si rude d'entendement que ne le cognoissiez.

FRERE ANSELME PENSE ET DICT EN SOY-MESME

Après que j'euz ouy les parolles desdictz sept animaulx, je fuz fort troublé et à demy hors d'entendement, voyant clairement leurs proves estre vrayes. Et n'ayant que dire contre icelles, je dy en moy-mesme :

- J'ay bien esté avisé, et encore moins sage, que je ne me suis donné pour vaincu à l'Asne, plus tost que maintenant manifestement me faille donner et tenir pour vaincu de si malostruz, malheureux et meschans animaulx, comme sont les sept dessusdictz. Car encore est ledict Asne de plus grand honneur entre nous aultres filz d'Adam, que ne sont les devant dictz animaulx, comme ainsi soit que la plus grande part des prophètes chevauchoient sur asnes, comme le prophète Balaam (45). Et sur un asne estoit la bienheurée vierge Marie (46), fuyant avecq Joseph et Jésus-Christ en Egypte pour la crainte de Hérodes. . Davantage, nostre Seigneur Jésus-Christ, filz de Dieu éternel, entra sur ung asne en Hiérusalem (47). Donc, par toutes ces raisons, eust esté meilleur et plus honorable pour moy que je me fusse donné pour vaincu à l'Asne que à présent, que par forme et vigueur de raison fault que je me donne et tienne pour vaincu aux sept animaulx devant ditz.

De laquelle chose je vins à suer d'anguoisse, et de la destresse que j'enduroye, ne povant contester ne contredire. Voulant donc me donner et tenir pour vaincu aux sept petits animaulx devant dictz, et moy pensant en la reponse que je debvois faire, sortit l'Asne avec telles parolles.

L'ASNE DICT A FRERE ANSELME

- Frère Anselme, il me semble et croy que à vostre contenance que vous ayez sommeil et que vouliez dormir. Vous avez ouy les parolles de nos sept petitz animaulx, combien que vous n'ayez à respondre sinon à moy et à mes raisons. Et pource, si vous reste aulcune aultre raison pour prover vostre faulse opinion, dictes-la maintenant et vous aurez suffisante et vraye response.

FRERE ANSELME DICT CES PAROLLES

13

Incontinent que je euz ouy les parolles de l'Asne, je fuz semblable à ung homme qui retourne de mort à vie et de mortelles maladie en santé. Et me sembloit que ce fust ung Ange que Dieu me eust envoyé et luy dy ainsi : «-Seigneur Asne, la raison pour laquelle nous sommes de plus grande dignité et noblesse est que, quand nous mourons, l'âme ne meurt point, et avons résurrection et entrons en paradis, auquel lieu avons gloire infinie. Et vous aultres animaulx n'avez rien de cela, car quand vostre corps meurt, vostre âme meurt aussi ensemble, et n'avez résurrection ne gloire. Et cela est ung grand degré et dignité de Seigneurs. Il appert donc évidemment que mon opinion est vraye et non faulse.

L'ASNE RESPOND A FRERE ANSELME

- Frère Anselme, ung mauvais entendeur contourne les parolles à rebours (48). Ainsi faictes-vous : car vous lisez l'Escriture et ne l'entendez, car comme dict le sage Cathon, frère Anselme, que lire et non entendre, ce n'est pas lire, mais est despriser le bien (49). Vous sçavez bien que Salomon, qui a esté le plus sage que jamais ayt esté entre les filz d'Adam, dict en son *Ecclesiasti,* capitu. 3 «Qui est celuy qui sçait si les âmes des filz d'Adam montent en hault et les âmes des jumens et aultres animaulx descendent en bas ?» (50), comme s'il vouloit dire que nul ne le sçait, sinon celuy qui les a crées. Et vous asseure, frère Anselme, que vostre parler est peu sage en cela. Voulez-vous déterminer ce que Salomon met en doubte, parlant sagement ? Et quand à ce que dictes que entrerez en paradis après la résurrection, aussi ira-il la plus partie de vous en enfer au feu éternel et perdurable, où vrayement jamais le feu ne cessera, ny les vifz ne mourront, ainsi comme dit l'Escripture. Et désirerez que feussiez mort au ventre de voz mères, et peu de vous aultres iront en paradis, car ainsi le dict l'*Evang. sainct Matt.,* 20, disant : «Que plusieurs sont appellez et peu esleuz» (51). Et David le prophète, au *psal. 15* dict : «Seigneur Dieu, qui sera celuy qui habitera en ton tabernacle ? », c'est à sçavoir en paradis. Respond Dieu : «Celuy qui chemine sans macule» (52), c'est à savoir sans péché, ainsi que sommes entre nous. Si vous avez donc aulcune raison pour prouver vostre faulse opinion estre vraye, dictes le moy et vous aurez telle response que je vous feray taire.

FRERE ANSELME DICT A L'ASNE

14

- Seigneur Asne, l'aultre raison que nous sommes de plus grande noblesse et dignité que vous est que nous sommes faictz et créez à l'ymage et semblance de Dieu, et vous aultres non. Et cela est ung grand et superlatif degré, pour laquelle chose, il est sainct et juste que nous soyons vos seigneurs et que vous soyez subjectz et vassaulx.

RESPOND L'ASNE AU FRERE

- Frère Anselme, qui beaucoup parle souvent erre (53). Ainsi vous en prent-il et cuidez avoir vaincu la question pour la susdicte raison, c'est à sçavoir que vous dictes que estes faictz à l'ymage et semblance de Dieu, et nous aultres non. Ne sçavez-vous pas que vos péchez mettent en avant ce que vous dictes ? Bon homme de Dieu, pensez-vous, vous aultres filz d'Adam, que Dieu soit faict à votre semblance ? Ja ne plaise à Dieu, car Dieu n'a ne teste, n'yeulx, ne bouche, ne mains, ne piedz ; et davantage, il n'est pas corporel. Mais vous, frère, vous fondez sur ceste authorité qui est en *Genèse,* que Dieu dict : «Faisons l'homme à nostre ymage et semblance» (54). Et sans nulle doubte, il est vray et n'y a que dire en cela,mais vous ne l'entendez, ne sçavez comme elle se doibt entendre. Toutesfois, combien que je n'aye esté aux estudes à Paris, ny à Boloigne comme vous (55), le vous déclareray maintenant très évidemment, si vostre rude esprit le sçait ou peut entendre. Ouvrez donc maintenant les aureilles, prenant garde à mes parolles, et vous verrez comme se doibt entendre ladicte authorité.

L'Asne declare comme au corps de l'homme y a douze conduictz à la semblance des douze signes. Sachez, frère Anselme, que les philosophes disent et afferment que l'homme doibt estre appelé petit monde (56), et ainsi le nomment en leurs livres. Et ce pour autant que, comme ils disent, il se trouve en l'homme tout ce qui est au grand monde, c'est à sçavoir au ciel et en la terre, car, tout ainsi comme au ciel a douze signes, aussi l'homme trouverez douze conduictz : premièrement deux aux aureilles, deux aux yeux, deux au nez, ung de la bouche, deux aux mammelles, ung au nombril et deux aux parties inférieures.

Icy L'Asne parle des quatre éléments. Tout ainsi comme au grand monde a quatre élémens, c'est à sçavoir le feu, l'air, l'eau et la terre, ainsi au petit monde de l'homme a quatre membres, c'est à sçavoir le cerveau, le cœur, le foye et le poulmon. Et ainsi, comme par lesdictz élémens est régy et gouverné tout le grand monde, ainsi par lesdictz quatre membres est régy et gouverné tout le petit monde, c'est à sçavoir le corps de l'homme. Et ainsi, comme par les humeurs, vapeurs, froidures et humiditez qui montent hault en l'air, se concréent* et engendrent (approchant le mouvement du ciel et des planettes) vens, tonnoirres, pluyes, ainsi montent les vapeurs des parties inférieures aux parties supérieures et font vent comme rotter, tonnerres comme l'esternuer et le toussir, et pluyes ainsi comme sont les larmes et la salyve. Et pour briesvement parler, la chair du corps de l'homme est semblable à la terre, car il est créé de terre et en terre doibt retourner. Les os sont comme les montaignes, les aureilles comme les mynes de métaulx qui sont aux concavitez et intérieures parties des montaignes, le ventre est comme la mer, les boyaulx sont comme les rivières, les veynes comme les sources et fontaines, la chair comme la terre, ainsi que je vous ay dit et les poilz et cheveulx comme les herbes et plantes. Et les parties où il ne croyt point de poil sont ainsi que la terre sallée et argilleuse où il ne croist jamais herbes.

L'Asne déclare à quoy est comparée la partie de devant du corps de l'homme. Davantage le visage et la partie de devant du corps de l'homme est ainsi que les parties peuplées et habitées du grand monde, car ainsi comme lesdictes parties sont peuplées de villes, villages et chasteaulx, ainsi est peuplée et habitée la partie de devant du corps de l'homme, c'est assavoir de nez, bouche, mammelles, nombril, ensemble les parties inférieures et les mains et les piedz.

A quoy est comparée la partie de derrière du corps de l'homme. L'eschine et la partie de derrière du petit monde, c'est à sçavoir du corps de l'homme, est ainsi comme les parties du grand monde qui ne sont peuplées ny habitées. Davantage, la partie de devant du corps de l'homme est ainsi comme le levant, et le derrière est ainsi comme le ponent. La main dextre est comme le midy et la senestre comme le septentrion ; l'esternuer, cryer, toussir, et le bruit et rumeur que font les boyaulx sont comme les tonnerres, ainsi que dessus vous ay dict et déclaré. Et les larmes, la salive et l'urine sont ainsi que la pluye ; le rire est comme la clarté du jour, le plorer comme l'obscurité de la nuict ; le dormir, comme la mort, le veiller, comme la vie ; le temps de la puérillité, comme le printemps, l'adolescence, comme l'esté, la jeunesse, comme l'automne, la vieillesse, comme l'yver. Et aussi, comme le grand monde est regy et gouverné par nostre Seigneur Dieu, ainsi le petit monde, c'est à sçavoir le (corps de l'homme) (57), est régy et gouverné et seigneurié par l'âme intellective qui faict dudit corps ce qu'il luy plaist, car au mesme point et heure que l'âme veult que le corps s'arreste, incontinent s'arreste, et au point que l'âme veult que le corps se lève, il se lève. Et aussi généralement au poinct que veult faire aulcun mouvement au ainsi comme estendre les piedz et les mains ensemble ou les clorre, ou fermer ou ouvrir les yeulx, ou saulter ou courir, ou aultre mouvement plus grand ou petit, incontinent est faict et accomply, sans qu'il faille ou soit besoing que l'âme face au corps aulcun parlement, ne luy donne signe ou enseigne ; mais au mesme point et instant que l'âme veult que aulcuns desdictz mouvemens seront faictz, le vouloir et le faict sont tout ung. Tellement qu'il n'est besoing que l'âme dye aux yeux : «Fermez-vous» ; ou dye aux jambes : «Courez» ; ou aux aultres membres: «Faictes ainsi et ainsi». Mais, comme ja vous ay dit, le vouloir et le faict sont tout ung.

L'Asne déclare comme ladicte authorité se doibt entendre. Dieu tout puissant, au poinct et instant qu'il veult et luy plaise qu'il soit fait quelque chose au monde plus grand, c'est à sçavoir au ciel ou en la terre, incontinent au mesme poinct et au mesme moment est faict et accomply, sans qu'il soit besoing de dire : «Telle chose soit faicte» ; mais au mesme instant qu'il veult et luy plaist que quelque chose soit faicte, au mesme poinct et instant est faict et accomply, tellement que le vouloir et est faict sont tout ung. Et ainsi fait l'âme intellective en ce monde plus petit, c'est à sçavoir au corps de l'homme ; et en ceste manière s'entent ladicte autorité, c'est à sçavoir : «Faisons l'homme à nostre ymage et semblance». Car il parle de l'âme, c'est à sçavoir que ainsi comme Dieu fait tout ce qu'il lui plaist au monde plus grand, c'est-à-dire au ciel et en la terre, ainsi et

90

par semblable manière, fait l'âme au monde plus petit, c'est-à-dire au corps de l'homme. Tellement que vostre âme intellective ainsi est faicte.

L'ASNE DECLARE COMME EN L'AME INTELLECTIUE Y A TROYS PUISSANCES, LES COMPARANS A LA SAINTE TRINITE, ET DICT QUE POUR CELA LADICTE AME EST FAICTE A L'YMAGE ET SEMBLANCE DE NOSTRE SEIGNEUR DIEU.

Frère Anselme, pource que, comme il me semble, vous ne m'entendez assez bien touchant ladicte authorité, ie la vous declareray en aultre maniere, parquoy prenez garde a mes parolles, selon ce que disent les philosophes, et aulcuns docteurs en medecine, l'ame de l'omme n'est autre chose sinon troys puissances : a sçauoir, memoyre, sens, et volunté. Et ces troys puissances font vng ame. Et ainsi comme de Dieu le Pere nayst le filz, et du pere et du filz egallement procede le sainct Esprit, ainsi en semblable maniere de la memoyre nayst l'entendement, et de la memoyre et de l'entendement egallement procede la volunté. Et ainsi comme la personne du Père n'est pas celle du Filz, ne celle du Filz celle du sainct Esprit, ne la personne du sainct Esprit celle du Père ne du Filz. Ainsi l'acte de la mémoyre n'est pas l'entendement, ne l'acte de l'entendement n'est pas la volunté : mais ainsi ces troys puissances sont une âme intellectiue. Voyez, Frère Anselme, comme l'âme intellectiue est faicte à l'ymage et semblance de Dieu (58). Et en ceste maniere s'entend ladicte authorité, c'est à sçauoir «Faisons l'homme à nostre ymage et semblance». Dauantage, frère Anselme, sinon que vous soyez outrecuydan que ne puissiez vng peu penser avant que de parler, par vostre raison mesme : c'est à sçauoir que vous estes faictz a l'ymage et semblance de Dieu. Je vous veulx prouver que nous aultres Animaulx sommes par droict de plus grand dignité et noblesse que entre vous filz d'Adam : car vous dictes que vous estes faictz à l'ymage et semblance de Dieu, et nous autres pouuons dire, et telle est la vérité, que non tant seulement Dieu, mais encore les sainctz sont faictz à nostre ymage et semblance, et à cela ne pouuez contester ne contredire : car entre vous, filz d'Adam, paignez Dieu tout puissant à la semblance d'ung aygneau : et paignez les Euangélistes, qui sont les sainctz principaux que vous ayez, à la semblance de nos animaulx, car vous paignez sainct Luc à la semblance d'ung bœuf, ou thoreau, et sainct Iehan à la semblance d'un aigle, et sainct Marc à la semblance de la seule victoyre (59). Et chantez à Pasque vne Prose, qui dict : que Iesus Christ s'est leué auec grand puissance, et d'aigneau qu'il estoit s'est faict lyon par victoyre solennelle. Doncques, frère Anselme, laquelle vous semble plus grand noblesse et dignité, la vostre qui estes faictz à l'ymage et semblance de Dieu, ou la nostre qui avons Dieu et les sainctz semblables à nous, ainsi doncques comme vous-mesmes chantez à Pasques et paignez par toutes les églises. Certes, si vous n'estes hors du sens vous cognoissez clairement que nous sommes de plus grande dignité et noblesse que vous n'estes. Parquoy cerchez autre raison pour prover vostre faulse opinion estre vraye.

FRERE ANSELME RESPOND

15

- Révérendissime Asne, l'aultre raison par laquelle nous sommes de plus grande dignité et noblesse que vous est que nous avons ordres, religions et convens de cordeliers, et frères mineurs, jacopins, et frères prescheurs, augustins et carmes, et plusieurs aultres qui seroient longs à racompter, ausquelz il y a plusieurs sainctz hommes menans saincte et honeste vie. Et lesquelz pour servir Dieu ont laissé et abandonné tous les plaisirs mondains, vivans chastement, et ne prennent jamais femmes, évitans les péchez, principalement les sept péchez mortels. Et entre vous n'avez rien de cela, qui est ung degré de grande dignité, noblesse et saincteté, par laquelle chose est prové clairement que nous aultres filz d'Adam sommes de plus grande dignité et noblesse que vous aultres animaulx

L'ASNE RESPOND A FRERE ANSELME
ET LUI PARLE DES CONVENS, ORDRES, RELIGIONS ET MONASTERES

- Frère Anselme, vous voulez tousjours de plus en plus que je vous chante vostre leçon (60). Bon homme de Dieu, vous me contraignez de dire ce que ne vouldriez, mais tenez le secret, car c'est vostre grand honte et vitupère. Et pour tant ne sçachez gré à ma response, car je pourroys ung peu charger le bast (61), parlant tousjours vérité. Frère Anselme, ainsi comme vous sçavez que depuis la mort de sainct François, de sainct Loys de Marceille et de sainct Anthoine de Padoue, qui furent frères mineurs, jamais ne s'est trouvé en l'ordre ung frère qui ayt esté sainct, ainsi le mesme après la mort de sainct Dominique, de sainct Thomas Daquin et de sainct Pierre le martyr, qui furent frères prescheurs, ne s'est jamais trouvé audit ordre ung frère qui ayt esté sainct. Et pour non prolonger mon sermon et parlement, il ne fault plus parler de tous les aultres ordres, ny des prebstres et séculiers, ny de leurs œuvres peu justes et encor moins bonnes. Et ne trouve au monde aulcune différence d'eulx aulx hommes mondains, sinon que les hommes mondains ne prennent qu'une seule femme pour espouse, luy escripvant et promettant le traité de mariage et luy donnant l'aneau ; et les moines en prennent tant qu'ilz en veullent, sans mettre par escript aulcun traité, ny doner aneaux. Et telz sont les moynes spécialement et la plus part des nonnains et dames de religion. Et l'aultre partie sont femmes mariées, vesves et pucelles, et soubz l'habit de dévotion, plusieurs et souventes fois donnent eschec pour roch (62) à ceux qui ont le bec jaulne (63). En ceste manière font souvent bonne buée sans laissive (64), ainsi comme fit ung frère prescheur à une bonne dame se confessant à luy ; mais pour le faire court, me tairay de leur faict, comme il fut, ne comme ne fut point.

Lors que l'Asne vouloit poursuivre sa response, il plaira à vostre Seigneurie sçavoir le faict du frère prescheur, et comme il fut avec la bonne dame, et ne vous souciez si frère Anselme ne vous en sçait gré, car l'exemple dict que qui dict mal le veult ouyr (65). Et pourtant qu'il a dict mal de nous, la raison veult que le semblable luy soit faict.

Et incontinent que l'Asne eut ouy parler le roy, se tournant vers moy, dict ainsi.

L'ASNE COMMENCE A DESCOUVRIR LES MAULVAISES OEUVRES ET FAICTZ DES RELIGIEUX, DISANT AINSI

- Sachez, frère Anselme, qu'il y a une cité (66) en Cathelongne, nommée Tarragone, et anciennement estoit appellée Secondine, car en grandeur, elle estoit appellée seconde après la cité de Rome. Et cela appert encore aujourd'hui estre véritable par les grands, antiques et sumptueux édifices qui sont encore de présent en estre par toute la contrée de ladicte cité. Et trouverez, frère Anselme, que hors de ladicte cité a ung convent de frères prescheurs, auquel convent avoit ung religieux appellé par son nom frère Jehan Juliol. Et estoit ce frère Juliol ung beau gallant de sa personne fort bien faict et proportionné de tous ses membres, et de grande éloquence, de laquelle chose tout le peuple de Tarragonne luy vouloit grand bien, et le tenoyent en grand estime et réputation, tellement que les principaulx de ladicte cité se confessoient à luy, ensemble leurs femmes et enfants. En ladicte cité avoit ung homme de bien, nommé Jehan Desterliers, lequel avoit pour femme une bonne dame appellée par son nom Madame Tècle, et estoit ledict Jehan fort spirituel et dévot, et la femme de mesme. Et estoit une des belles dames de toute la cité, tellement qu'il sembloit par sa beaulté que ce fust ung ange de la haulte hiérarchie.

La dame parle à son mary

Venu le caresme, frère Anselme, et voyant madame Tècle que ses voisines alloient journellement à confesse, dit à son mary : «Seigneur, desjà dix jours du caresme sont passez et ne me suis encor point confessée. Parquoy, si vous plaisoit, je y vouldrois bien aller». De ceste chose le mary eut ung souverain plaisir, voyant sa bonne intention, et respondant luy dit : «Dame, je suis très contant que vous alliez à confesse. Toutesfoys, pource que vous estes jeune et innocente et ne vous confessastes jamais, et pource que vous ne sçavez pas la manière de vous confesser, je veulx que vous alliez confesser à frère Jehan

93

Juliot (67), de l'ordre des frères prescheurs, car il est mon confesseur, et est homme de bien et bien sçavant en son prescher, et à confesser faict merveille, et sçait fort bien demander les péchez et iceulx bien examiner. Et pource que ne le cognoissez, vous le demanderez, et on vous le monstrera, et luy direz que je vous ay envoyée à luy affin qu'il vous confesse».

Comment madame Tècle s'en va au convent des frères prescheurs et demande frère Jehan Juliot, lequel luy fut monstré

Incontinent que madame Tècle eut ouy les parolles de son mary, elle affubla son manteau et s'en alla droit au convent des frères prescheurs. Et combien que ladicte dame passalt toutes les aultres en sa beauté, elle estoit toutesfoiys assez sotte et rude d'entendement et à la bonne foy, croyant que tout ce qu'on luy disoit feust vérité. Soubdain qu'elle fut arrivée audict convent, elle demanda après frère Jehan Juliot, lequel incontinent luy fut monstré. Lors, madame Tècle luy baisant les mains, dit : «Monsieur frère Juliot, mon mary m'a envoyée à vous, affin que me monstriez comme je me doy confesser». Voyant frère Juliot la beauté de la dame et cognoissant à son parler qu'elle estoit lourde d'entendement, fut fort joyeux et dit à soy-mesme : «Certes, je vous monstreray si bien à vous confesser que d'icy en avant ne sera besoing que aultre vous monstre». Et lors il la fait entrer en ung coin et siège de l'église où il avoit accoustumé de confesser ; et estoit ledict coing et siège fort secret et obscur, tellement que ceulx qui estoient dedans ledict siège ne voyoient point ceulx qui estoient dehors et ceulx de dehors ne voyoient point ceux qui estoient audict siège, pour la grande obscurité d'iceluy.

De la confession que fist frère Juliot à madame Tècle

Incontinent luy demanda frère Juliot si elle avoit aymé quelqu'un. Et elle respond : «Monsieur, je ne doubte point que pour ma grand beaulté plusieurs ne soient amoureux de moy, mais que je soye amoureuse de quelqu'ung, je ne le fus jamais, car mon mary me dict que la dame qui ayme aultre homme que son mary, les vieilles sorcières viennent la nuyct et la prennent et la mettent en ung sac et la jectent dedans la mer. Et pour ceste raison, je ne fuz jamais amoureuse, ny voulu bien ny porté amour qu'à mon mary, de peur d'entrer au sac». Incontinent que frère Juliot veit que la tendrette estoit ainsi légière de poix (68), il eut ung singulier plaisir et dict en soy-mesme : «Sans faulte je vous mettray aujourd'huy en tel sac que d'icy en avant vous n'aurez peur du sac des vieilles». Et lors luy demanda : «Ma fille, combien y a il que vous estes avec vostre mary ?». Et elle respond : «Monsieur, il y a aujourd'huy six moys». «Combien de fois a eu affaire vostre mary avec vous ?». Et elle respond : «En vérité, monsieur, je ne le vous pourroys jamais dire ; tant de fois me la faict de nuyct et de jour que je n'en ay sceu tenir compte». Incontinent que frère Juliot eu cogneu qu'en ceste response la dame estoit ung peu doulce de sel (69), dict en son cœur : «Certes vous ne sortirez d'icy jusques à ce qu'ayez faict la raison». Et lors se monstrant fort troublé, luy dict : «Quelle chrestienne estes-vous qui ne tenez compte des fois que vostre mary le vous a faict, combien que par droict en ayez à donner le disme au confesseur à qui vous vous confessez ? Comme pourray-je donc prendre le disme de vous, si je ne sçay combien de foys vostre mary a eu affaire avec vous ? Certes, vous mériteriez grande peine et pénitence». Incontinent que madame Tècle eut ouy les parolles de frère Juliot, elle luy dit en pleurant : «Monsieur, je vous prie pour l'amour de Dieu me vouloir pardonner, car moy pouvrette suis tombeé ignoramment en ce tant grand péché ; et je vous prometz en vérité que d'icy en avant je y prendray bien garde et conteray combien de foys mon mary le me fera, et les marqueray avec mes patinostres, afin que je ne les oublye, et chacune foys qu'il me le fera, je feray un noud. Et pource, monsieur, que mon mary sçait que je ne sçay riens de telles choses, m'a envoyée à vous, affin que me monstriez». Incontinent que frère Juliot ouyt les parolles de la jeune dame, il eut grand joye, car il cogneut clairement qu'elle estoit de simple volunté. Et pour la conforter, luy dit : «Ma fille, de Dieu et de moy vous soit pardonné, et ne plourez plus, ny ne vous donnez desplaisir, car je vous donneray bon ordre à tout et feroy le compte à ceste heure. Et s'il y a quelque peu plus ou moins, cela n'y fera riens.

Du compte que feit frère Juliot à madame Tècle

Ma fille, selon vostre dire, il y a aujourd'huy six moys que vous avez esté espousée, et pour l'amour de vostre mary et de vous, ne compteray que trente jours pour chascun moys, combien qu'aucuns en ont trente et ung jour ; et selon ce que vous dictes, il vous l'a faict tant de foys de nuyct et de jour que n'en avez sceu tenir le compte. Voyez toutesfoys que pour l'amour de vous, je ne mettray sinon à raison de une foys tant la nuit que le jour, qui seroit six foys trente, qui est en somme toute cent quatre-vingtz foys. Et le disme, ma fille, est de dix une : parquoy il m'en appartiendroit dix-huyt fois ; et plus de dix-huit autres que vous en ay laissé et davantage, pour l'amour de vostre mary qui vous a addressée à moy». Alors madame Tècle, luy baisant les pieds, luy dict : «Monsieur, cent mille mercys vous rends de vostre courtoysie, par laquelle, sans aucune précédente cognoissance, m'avez faict tant de grâce. Et pourtant, monsieur, au nom de Dieu, pensez de prendre de vostre disme toute telle part qu'il vous plaira».

Comment frère Juliot commença à prendre le disme

Voyant ce, ledict frère la getta gentement à terre et print d'elle le disme de vingt foys. Et ayant prins ledict disme, dit à la dame : «Ma fille, voyez que je suis maintenant payé de vingt foys et ne me veulx pour le présent payer de plus, car vous ne le pourriez soustenir pour autant qu'estes foyble à cause du jeusne. Mais si plaist à Dieu, je vous iray visiter à la maison et prendray chacun jour le reste du disme». «Monsieur, dit la dame, le prendre et le laisser est en vous, car je ne suis point si sotte que ne vous puisse bien payer de vostre disme ; et pour vous dire vérité, je ne vouldrois rien debvoir de reste, si possible estoit. Parquoy je vous prie que le plustost que pourrez, prenez de moy le reste du disme». Et après que frère Juliot luy eut demandé où elle demeuroit, la va absoudre de tous ses péchez, lui disant ce que s'ensuyt.

De l'absolution que feit frère Juliot

«Voyez, ma fille, maintenant par ceste confession estes absoulte de voz péchez, et estes aussi pure et nette que le jour que naquistes du ventre de vostre mère, à la charge et condition toutesfoys que vous teniez secret tout ce qui a esté entre vous et moy en la confession, vous faisant assavoir que qui révèle ou descœuvre le sacrement de saincte confession, la langue luy est coupée, et après sa mort va à cent milles dyables et ne voyt jamais la face de Dieu». Respond madame Tècle et dit : «Monsieur, ne plaise à Dieu que je dye riens de la saincte confession. Toutesfois, Monsieur, je vous supplye : n'oubliez de venir en ma maison pour prendre le reste du disme». Et cela dit, luy baisa les mains et print congé de frère Juliot, et s'en retourna en sa maison.

Ce que dit le mary à la femme au retour de la confession

Estant arrivée en la maison, trouva son mary qui l'attendait pour disner, et luy dit : «Dame, bien vous soit de la confession ! Que vous semble, dit-il, de frère Juliot et de sa manière de confesser ?». «Certes, dit-elle, il est bien perfaict homme et très bon confesseur, et homme qui sçait fort bien demander et examiner les péchez. Et quand à moy, dit-elle, Seigneur, jamais ne me vouldroys confesser à aultre qu'à luy, tant y ay trouvé de plaisir». «Pour ce, dit le mary, vous envoiay-je à luy, car je le sçay qu'il est homme fort prudent et discret à examiner les péchez». Et cela dict, ilz disnèrent avec grand soulas et joye.

96

Comme le frère print le reste du disme

Après peu de jours, frère Juliot vint visiter madame Tècle et print d'elle une partie du disme. Et ainsi de jour à aultre feit tant de visitations qu'il feut très bien achevé de payer dudict disme.

- Voilà, dit l'Asne à frère Anselme, la saincteté qui est aujourd'huy en voz religieux que cy-dessus avez nommez, bon homme de Dieu. Vous feriez vien de vous taire et vous tenir pour vaincu, et si vous ne le voulez fayre, tenez-vous asseuré que je parleray et vous feray telle responce que vous en aurez peu de plaisir. Et vous fays à sçavoir, afin que ne soyez trompé, que je sçay tant des affaires des religieux qu'il vous semblera que j'aye esté conventuel ou religieux en chascune desdictz ordres.

FRERE ANSELME RESPOND SUR LA MAUVAISE CONFESSION DE FRERE JULIOT

- Monsieur l'Asne, la meschanceté faicte par ledit frère Juliot ne faict rien au préjudice des autres religieux ny de leurs sainctetez. Ainsi comme le péché de Judas qui vendit nostre sauveur Jésus-Christ ne fut en préjudice des aultres apostres, car Judas, par son œuvre meschante, est puny en enfer, et les aultres apostres, par leurs bonnes et sainctes œuvres, sont colloquez en paradis. Par semblable manière, sera ledict frère Juliot puny en l'autre monde, et les aultres religieux seront guerdonnez de leurs bonnes œuvres. Davantage, seigneur Asne, ainsi comme vous sçavez, le péché de luxure est tant naturel qu'il n'y a homme au monde, si ce n'est par spéciale grâce de Dieu, qui s'en puisse excuser. Et après la beaulté de la femme, qui est vray poison et venin mortel, qui envenime la veuë de l'homme et la faict tousjours cheoir et tumber audict péché. Et mesmement vous sçavez que la femme trompa nostre père Adam, qu'elle trompa le grand roi David, elle trompa le grand sage Salomon, elle trompa le noble et fort Sanson (70). Et ainsi que ledict frère Juliot n'avoit tant de perfection que nostre père Adam, ne si grande seigneurie que le roy David, ne tant de sagesse que Salomon, ny tant de forse que Sanson, lesquelz tous avec leur perfection, seigneurie, sagesse et force, ne sçeurent ne se peurent contregarder des femmes, vous devez tenir pour excusé ledict frère Juliot. Joint que, ainsi que vous avez dict cy-dessus, la beaulté de ladicte madame Tècle estoit telle qu'il sembloit que ce fust ung ange de la haulte hiérarchie. Et ceste grande beaulté feit tresbucher ledict frère Juliot audict péché ; mais les aultres religieux ne font ny commettent tel péché, ny nulz des aultres sept péchéz mortelz.

97

L'ASNE RESPOND A FRERE ANSELME

— Frère Anselme, vous me voulez donner vessies pour lanternes (71), demourant tousjours en vostre pertinacité*, disant que vos religieux évitent les sept péchez mortelz. Et pourtant vous veulx adviser et faire entendre comme par vos religieux sont commis lesdictz sept peschez mortelz, en telle sorte qu'il vous fauldra accorder par force que mon dire est vérité. Frère Anselme sachez que les sept péchez mortelz sont ceulx-cy, à sçavoir orgueil, avarice, luxure, ire, glotonnie, envie et paresse. Maintenant vous réciteray sept histoyres, pour chascun péché une, par lesquelles verrez clairement comme vos dictz religieux commettent lesdictz sept péchez mortelz. A la charge toutesfois que je demanderay licence au très hault et puissant prince mon seigneur et roi, affin que cela ne luy vienne à ennuy, car les récitant, il fauldra que je prolonge mes parolles.

Et lors dict le roy à l'Asne :

- Beau respondant, il nous plaira bien de ouyr lesdictes histoyres, et sçachez que vostre parler nous est aggréable et plaisant. Pourtant au nom de Dieu, pensez de les réciter.

Et après que l'Asne eut ouy ces parolles, se tournant devers moy, me dict :

Du premier péché mortel, orgueil

- Frère Anselme, je commenceray du premier péché mortel qui est orgueil, en quelle manière vos religieux l'évitent, selon que vous dictes.

En Toscane a une cité nommée Pérouse, assez belle, grande et noble, au près de laquelle a un estang plein d'eauë, que les Toscans appellent le lac de Pérouse, fort grand, et en iceluy lac a troys isles, dont la plus grande est habitée et peuplée de gens. Il y a audict lac ou estang de plusieurs sortes de poissons, et ont accoustumé les seigneurs de Pérouse de affermer ou arrenter ledict lac ou estang aux pescheurs, à raison de dix mille francs par an, qui est une très belle rente. Et au temps que l'Eglise seigneurioit ladicte cité, le Pape la donna à ung abbé, nommé le grand Abbé, homme fort superbe et tant remply d'orgueil que Lucifer n'en avoit guière davantage. Et pource que comme l'Eglise eut prinse ceste cité par force, doubtant de rebellion ou révolte, édifia ung beau chasteau en une part de la cité, lequel estoit très fort et inexpugnable ; et habitoit en iceluy ledict Abbé avec ses souldars, et tenoit fort subjectz les Pérusins, en telle manière qu'il n'y avoit nul Pérusin qui osast porter avec luy, ny tenir en sa maison aulcunes armes de défense, mais les tenoit plus subjectz que s'ilz eussent esté Juifz. Et quand il sçavoit que aulcun Pérusin avoit belle femme ou fille, il l'envoyoit incontinent quérir, et si elle luy estoit refusée par le père ou mary, incontinent ledict Abbé faisoit faulx courriers ou faulses lettres, et les faisoit emprisonner, disant qu'ilz avoient escript lettres aux ennemis de saincte mère Eglise. Et incontinent, sans pitié aulcune, les faisoit pendre par le col ou escarteler, et leur oster tout ce qu'ilz avoient au monde, prenant leurs femmes et leurs filles, et les tenoit prisonnières en sondict chasteau. Et après qu'il estoit lassé d'elles, les laissoit à ses souldars pour bagage. Et voyans les aultres prebstres et religieux que l'Abbé qui estoit leur chef exerçoit si grande villennie, faisoient encore pis. Et par ceste manière, quand aulcun religieux ou prebstre ravissoit la femme ou fille de quelqu'ung, il n'osoit parler ne dire ung seul mot, craignant mourir.

Comme ung chappelain fist jecter une dame enceinte de la fenestre du bas

De cela, frère Anselme, que ung grand citoyen, nommé messire Jehan Ester, avoit une belle et bonne dame à femme, de laquelle s'enamoura ung prebstre, parlant à elle et la festoya ung long temps, et elle, qui estoit chaste et loyalle à son mary, ne luy voulut jamais consentir. Parquoy ledict prebstre, comme celuy qui mouroit pour elle, ung jour chantant la messe, voyant ledict citoyen et n'y voyant point sa femme, le plus tost qu'il sceut, despescha de dire la messe et dist au grand Abbé qu'il avoit une grande douleur de teste pour laquelle il ne pouvoit procéder en l'office, et qu'il luy pleust luy donner licence pour s'en aller en sa maison, ce que ledict Abbé luy octroya. Ainsi donc, frère Anselme, que le prebstre fut sorty de l'église, il s'en va tout droit en la maison dudict citoyen. Et estoit ladicte maison au meillieu de la place de Pérouse, et estoient les fenestres d'icelle sur ladicte place. Soubdain que ledict chappelain arriva, il trouva la porte ouverte et monta très légièrement en hault, et trouva la dame couchée sur ung petit lict, pource qu'elle estoit enceinte de huict moys et ne se sentoit point trop bien. Parlant avec elle, la requist de sa personne, et comme elle luy résistoit et refusoit, il pensa d'accomplir son désir par force avec elle. Incontinent que la dame veit qu'elle ne luy pouvoit résister, pource qu'elle estoit enceinte et fort pesante, dict ces parolles : «Monsieur, je suis preste et appareillée pour accomplir vostre volunté. Toutesfois, affin que nous ne soyons descouvers si quelqu'ung montoit comme vous estes monté, je vous prie, monsieur, que fermiez la porte des degrez, et après faictes de moy à vostre plaisir». Incontinent, frère Anselme, le prebstre ne fut point paresseux d'aller fermer la porte, et ce pendant la dame se leva et courut à la fenestre, et se jecta par icelle embas au meillieu de la place. Et ouyant le prebstre la cheute de ladicte dame et le cry du grand nombre de gens qui là estoient, alors s'enfuyt le prestre en sa maison.

Comment le mary vint de l'église

Tout le peuple courant celle part et voyant la dame qui, par le grand coup qu'elle avoit donné en terre, estoit toute brisée et froissée, la créature qui estoit sortie de son ventre morte, allèrent incontinent au temple annoncer les nouvelles à son mary, lequel subitement sortit de l'église, et le suyvirent plusieurs citoyens de ladicte cité, et trouva sa femme demie morte et la créature avortée. Ilz la montèrent à force de bras à la chambre dont elle estoit tombée, et après estre couchée en son lict, son mary lui demanda comme elle estoit ainsi tombée, et elle luy compta tout le faict dès le commencement jusques à la fin. Et son mary luy dict : «Dame, pourquoy ne le m'avez-vous faict sçavoir au paravant ?». Et la dame luy respondit : «Seigneur, pour crainte que ne feissiez quelque outrage au prebstre, pour lequel le grand Abbé eut prins haine sur vous et vous eut faict perdre et destruire».

Comment le mary s'en alla plaindre au grand Abbé, et de la maulvaise et superbe response qu'il feit

De là s'en alla ledict citoyen plaindre au grand Abbé, lequel, en lieu de luy faire justice, luy dict : «Vilain, sale et meschant, il y a en toy tant d'audace que tu mettes mon prebstre en telle renommée. Par le sainct corps de Jésus-Christ, si j'oy doresnavant que tu dye telles parolles, je te feray trancher la teste». Cognoissant le bon homme la cruelle response du grand Abbé, s'en retourna en sa maison et trouva sa femme morte, et secrettement la feit enterrer à l'entrée de sa maison, et print la créature morte, et luy osta les entrailles et les salla avec du sel, et les mist en ung petit vaisseau, et chevauchant avec son escuyer, sortit de la cité, prenant le chemin de Florence.

Comment ledict citoyen s'en alla à Florence, et comme il recita ce qui luy estoit advenu avec l'Abbé de Perouse

Après peu de jours arriva en la cité de Florence, et luy fut faict grand honneur par les gouverneurs de la cité, qui en ce temps estoient rebelles contre l'Eglise, et luy demandant la raison de sa venue, il leur dict tout l'oultrage qui luy avoit esté faict et la response du grand Abbé. Incontinent que les gouverneurs de Florence ouyrent la grande maulvaistié qui luy avoit esté faicte, ilz demourèrent tous estonnez. Et tantost commencèrent à traicter de la rebellion contre l'Eglise, ayant en mémoyre le proverbe : «Quand tu verras la barbe de ton voysin brusler, metz la tienne en saulveté» (72). Et incontinent ordonnèrent que le dict citoyen fust leur messager secrettement en toutes les terres de Romanie et aux terres de l'Eglise patrimoniales, pour les faire rebeller, luy donnant grand pouvoir de faire dire et obliger la communauté de Florence de leurs donner secours et ayde, tant en deniers que gens d'armes et piétons, et tout ce qu'ilz auroient mestier pour leur défense.

Comment le clergé perdit sa seigneurie
par l'industrie dudict citoyen avec l'ayde de Florence

Incontinent que ledict citoyen eut le povoyr dessusdict, il chevaucha tant qu'il fut par toutes les terres de l'Eglise, leur monstrant la créature morte et sallée et leurs disant tout ce qu'il luy avoit esté faict. Et envoya secretement espions en la cité de Pérouse à ses parens et bien aymez, en telle sorte qu'il feit rebeller en ung jour plus de deux cens terres de l'Eglise et la cité de Pérouse. Soubdain, frère Anselme, que le grand Abbé veit la rebellion de la terre de Pérouse, il se feit fort dedans le chasteau, mais peu luy proffita, car les Florentins envoyèrent tant de gens d'armes en ayde aux Pérousins que, les mettans deands la cité, tindrent si bien et si beau assiégé ledict grand Abbé qu'il fut contrainct de se rendre avec certaines paches et s'en retourna à Rome où estoit le Pape. Et furent remises lesdictes terres en comunaulté, se gouvernant eulx-mesmes. Ledict citoyen retourna à grand honneur en sa cité de Pérouse.

Ainsi voyez, frère Anselme, comme le clergé perdit sa seigneurie, par leur grand orgueil et maulvaistié, voulans tenir les Chrestiens plus subjectz que si c'estoient Juifz. Et sçachez que après que le clergé eut perdu la seigneurie en Italie, les habitans se vengèrent bien des oultrages qu'on leur avoit faict, et leur donnèrent eschec pour roch (73), ainsi qu'ilz feirent à ung prebstre dedans Pérouse.

L'Asne récite du prebstre

Frère Anselme, la cité de Pérouse, estant hors de la subjection du clergé, les Pérousins avoient un prebstre recteur et curé de la paroisse de sainct Jehan de Colasse, en laquelle estoit une jeune dame pleine de grand beaulté, nommée Marroque, fort dévote femme, et bien souvent estoit en l'église de sainct Jehan pour ouyr messe. Et voyant ledict curé la beaulté de ceste dame, s'enamoura d'elle si démesurement qu'il sortoit du tout hors du sens quand il la veoyt en l'église. Et quand il chantoit messe les festes et veoyt ladicte dame, il deschantoit à grand contrepoint les *Kyrie* (74) et gringotoit* les *Sanctus*, qu'il sembloit que ce fust ung rossignol, et faisoit merveilles des *Agnus Dei*. Et plusieurs fois, se tournant pour dire *Dominus vobiscum*, et voyant ladicte dame entre les aultres, se troubloit si très fort qu'en lieu de dire *Dominus vobiscum*, il disoit haultement *Alla*. Parquoy luy, ne povant plus soustenir la peine de l'amour, un jour trouvant la dame toute seule en l'église, laissa toute honte derrière et révéla se secret de son cœur. Incontinent que la dame, comme celle qui estoit bonne et chaste, luy eut respondu très aygrement, elle s'en vint en sa maison, se plaignant à son mary et luy disant distinctement tout ce que le curé luy avoit dict. Lors, oyant le mary les parolles de sa femme, sans plus tarder s'en va plaindre à l'évesque, disant :

Comment le mary se plaint à l'évesque

«Seigneur Révérendissime, je suis venu à vous, comme ainsi soit qu'estes nostre pasteur et nous vos brebiettes. Ainsi que mieulx sçavez que moy, vous estes tenu de nous garder des loups lesquels nous mangent, et de faire retourner au droit chemin celui qui en sort. Et semblablement de degré en degré, tous les recteurs, pasteurs et curez des églises qu'ilz tiennent et ont gouvernement d'âmes, sont pasteurs d'icelles, et le bon pasteur doibt mettre son âme pour ses ouailles, comme a faict le vray pasteur Jésus-Christ. Or, nostre pasteur, c'est à sçavoir le curé de sainct Jehan de Collasse, ne faict pas ainsi, mais au contraire. Car il veult faire pourvoyer les brebis et les faire sortir du bon chemin, affin que le loup, c'est à sçavoir le diable, les mange. Et pourtant, Révérendissime Seigneur, d'autant que vous estes son pasteur et le nostre, je suis venu à vous pour me plaindre de luy». Et lors racompta ledict jeune homme tout ce que le curé avoit dict à sa femme.

La response et menasses de l'évesque

Lors, frère Anselme, eussiez veu l'évesque ayant le visaige cruel, et monstra semblant d'estre fort courroucé et malcontent de ce que avoit faict le dict curé, et dict audict mary : «Je te prometz que je feray telle justice de luy, que tout aultre pasteur y prendra exemple». Et incontinent envoya quérir le dict curé par ung sergeant. Lors, le jeune homme voyant le geste de l'évesque et ses grandes menasses, dit en son cœur : «Sans nulle doubte, il le mettra en prison et luy donnera quelque bonne distribution de coups de baston, et après le condamnera à chartre* perpétuelle, car il a très bien mérité». Tantost après, le sergeant amena ledict prebstre en grande confusion, de sorte qu'il sembloit qu'il eust tué Jésus-Christ ; de quoy le jeune homme, mary de la dame, eut ung grand et souverain plaisir. Et comme l'évesque le va criant avecq telle félonnie qu'il sembloit à le voir qu'il le voulust manger, et dict :

Ce que l'évesque dict au prebstre

«Di-moy, vilain et sale paillard, d'où t'est venue tant d'audace et présumption que ty aye requis la femme de cestuy tien paroissien de sa personne ?».

102

Incontinent le bon prebstre, ainsi comme celuy qui sçavoit que son évesque faisoit tous les jours semblables et pires œuvres, sans qu'il en eust aulcune crainte ou vergoigne, respond à l'évesque et luy dict : «Révérendissime Seigneur, ce que vous a dict le jeune homme est vérité. Toutesfois tout ce que je dy à sa femme, je ne luy dy sinon par jeu, et m'esbatant de parolles avec elle, comme je fay tous les jours avec mes aultres paroissiennes, et vostre seigneurie me cognoist et sçait si je suis homme qui face semblables œuvres. Lors lui dist l'evesque : «Pour cela me faisait-il fort esmerveiller». Et regardant le mary de la dame, luy dit :

La responce et justice que fit l'évesque audit jeune homme

«Bon homme de Dieu, tu as ouy comme tout ce que ce prebstre a dit à ta femme ce n'a esté sinon par jeu, et ne le doibs prendre en mal». Et se tournant vers le dict prebstre, luy dit : «Je te commande en vertu de saincte obédience que tu soys troys jours sans entrer en l'église». Et tantost que le mary veit la bonne justice de l'évesque avoit faict de son prebstre, sans prendre congé, s'en part et s'en va tout droit au palays de sa seigneurie, se plaindre au potestat de Pérouse.

Comme le jeune homme se plaint au potestat de Pérouse

En ce temps estoit potestat de Pérouse ung noble homme florentin nommé messire Lyppo de l'Ysle. Ce messire Lyppo estoit noble et grand justicier, lequel après avoir ouy les plainctes et clameurs du dict jeune homme, il luy dict : «Va-t-en plaindre à l'évesque». Le jeune homme luy dit : «Seigneur, je me suy plaint à luy devant que venir à vostre seigneurie». Et luy va dire et réciter tout le faict et la cruelle justice que mon seigneur l'évesque avoit faicte du prebstre.

Du commandement que fit messire Lyppo potestat à François de Nernya

Quand messire Lyppo eust ouy la justice, il dit au jeune homme : - «Va-t-en, et quand tu viendras demain au matin, prens deux compaignons avecques toy, et lors qu'il sortira de l'église, prenez-le et lui donnez tant de coups de baston que le laissiez pour mort ; mais gardez-vous de le tuer. Et après, va-t-en en ta maison et ne te soucie, car ses plaintes ne viendront sinon à moy et je sçays que j'ay affaire». Et s'il dict ces choses au muet, il ne les dict pas au sourd. Alors le jeune homme feit provision de troys bastons de meslier*, et le lendemain avecques deux aultres allèrent guetter leur prebstre quand il sortiroyt de l'église, et ilz l'empoignèrent et luy donnèrent tant de coups de bastons qu'ilz le laissèrent pour mort. Incontinent sortirent les aultres prebstres de l'église et trouvèrent le prebstre ainsi mal accoustré, sachans que autre que le mary de la dicte dame n'avoit faict cest ouvrage. Lors le levèrent et le myrent dedans une byère, et ainsi qu'il estoit, l'apportèrent au palais de l'évesque.

Comment l'évesque feit sonner le chapitre pour faire venir le prebstre

Incontinent que l'évesque veit son prebstre ainsi accoustré, soubdain fit sonner la cloche. Et tantost les prebstres, curez et religieux de tous ordres s'assemblèrent là, disant qu'on ne devoit souffrir tel vitupère*, et que si ces choses se passoient impunies, qu'ilz ne sçauroient plus vivre au monde, car tous les jours, les lays en feroient autant au clergé. «Et pourtant faisons nostre devoir que le dict jeune homme soit pendu par la gorge, afin qu'il soit exemple et chastiement à tous les aultres, et pourrons faire à nostre fantasie, et avec ce, nul ne nous osera nuyre».

Comment tout le clergé alla en grande procession devant messire Lyppo

La procession fut prestement ordonnée, sonnans les cloches, chantans *Requiem aeternam*, et s'en vont vers le palays des seigneurs, portans le dict prebstre dedans une byère, de quoy la cité de Pérouse s'esmerveilla fort, voyant ladicte procession, sans sçavoir la raison pourquoy on la faisoit. Et vindrent aucuns hommes de ladicte cité à messire Lyppo potestat, dedans le palays, et luy comptèrent comme l'évesque, prebstres et religieux, venoient en grande procession, tenans le chemin du palays. Alors messire Lyppo fist semblant qu'il ne sçavoit riens de tout cela.

Le grand accueil que fit messire Lyppo

Après que la procession fut arrivée audit palays, messire Lyppo se leva et feit seoir l'évesque à son cousté, et après fit seoir tous les maistres en théologie, les chanoynes et docteurs, chacun selon son degré, tellement que tout le palays fut remply du peuple de la cité qui estoit venu pour sçavoir pourquoy on faisoit telle procession, s'esmerveillant fort d'un tel acte. Et après que les ecclésiasticques et religieux furent assis, et le peuple appaisé, messire Lyppo leur dict :

Messire Lyppo parle à l'évesque

«Seigneur révérendissime, moy et tous les seigneurs et conseilliers de ceste cité sommes esmerveillez de vostre venue avec tant honorables et nobles seigneurs de religion, et de la manière en quoy vous estes venus, et vouldrions voluntiers en sçavoir la raison».

Du sermon que fait l'évesque, et comme il monstra le prebstre

Après que l'évesque eut faict ung grand sermon comme saincte mère Eglise doit estre honorée, crainte et prisée, et comme Salomon commande qu'il soit faict honneur au médecin à cause de la grande nécessité (75), et comme le clergé est médecin des âmes, et pourtant doibt estre honoré. Et racompta comme ung citoyen nommé François Nernia avoit tué, ou autant valoit, ung sien prebstre, et incontinent feit descouvrir la byère et monstra le dict prebstre qui estoit plus mort que vif. Et voyant messire Lyppo le prebstre ainsi embastonné, feit fort l'esbahy, et dict à l'évesque :

Comme messire Lyppo envoya quérir François de Nernia

«Seigneur évesque, j'envoyeray maintenant quérir François de Nernia, et s'il est vérité qu'il ayt commis tel crime, je feray de luy telle punition qu'il en sera exemple aux aultres. Et incontinent envoya dix sergens pour amener ledict François, leurs disant : «Allez promptement en la maison de François Nernia, et après que l'aurez prins et lyé, amenez-le». Dequoy l'évesque et tout le clergé eut grand plaisir et soulas, pensans que incontinent le potestat le feroit pendre, le voyant tout courroucé.

Comme ledit Françoys fut amené devant messire Lyppo

Avant demie heure les sergens amenèrent ledict François lyé et garrouté, la corde au col. Et incontinent messire Lyppo, cryant par grand cruaulté, luy dict : «Dy-moy toy, ord et meschant vilain, as-tu eü tant d'orgueil et de présumption que tu ayes ainsi murtri ce prebstre ?».

Ledict Françoys respond

«Seigneur, dict Françoys, la vérité est que j'ay faict ce jeu à ce prebstre et ce pour le semblable qu'il festoioyt si fort ma femme, la requérant

105

de sa personne». Dict messire Lyppo : « Traistre meschant, tu ne debvoys pas prendre vengeance de tes mains, mais tu debvoys plaindre à l'évesque qu'icy est». «Seigneur, dict Françoys, je m'en allay plaindre incontinent au seigneur évesque». Dict messire Lyppo : «Quelle justice te feist-il ?». Respond le jeune homme : «Seigneur, fort cruelle et saulvage, car il lui commanda qu'il demourast troys jours sans entrer en l'église, et il est ung meschant qui vouldroit plus tost estre ung an au bourdeau qu'ung jour à l'église».

De la justice que feit messire Lyppo dudict Françoys

«Or escoutes, je te fay très exprès commandement que, pource tu as faict à ce prebstre, tu soys troys jours que tu n'entreras point en la taverne, et si tu y tournes une aultre fois, je te feray estre plus de dix jours que tu n'entreras ny en taverne ny en bourdeau». Et lors l'évesque, voyant la justice en eulx faicte par messire Lyppo, se tenant pour fort mocquez, dirent à messire Lyppo : «Quelle justice est celle que vous avez faicte ?».

Messire Lyppo répond au clergé

«Seigneurs, dict messire Lyppo, je luy fay meilleure justice que ne feit le seigneur évesque audict jeune homme, car c'est plus grande punition à ce jeune homme esttre troys jours qu'il n'entre à la taverne, que ce n'est à vostre prestre estre ung an sans entrer en l'église. Et pourtant prenez garde à vos religieux, que d'icy en avant je n'apperçoyve qu'ilz facent telz jeux, car je vous jure le vray corps de Jésus-Christ, que j'en feray telle justice que tout le monde en parlera. Et avec cela pensez de vous en aller en bonne heure ou en male heure. Cuydez-vous que les meschancetez que souliez faire quand la seigneurie estoit vostre soyent maintenant supportées ne souffertes ? Certes non. Mais vous sera faict honneur tel que vous le méritez». Incontinent que l'évesque et tous les aultres veirent la fureur de messire Lyppo, ilz s'en allèrent chascun à part, sans procession ne sonner cloches.

L'Asne parle du péché d'avarice
et récite la confession d'ung marinier à un moyne

Frère Anselme, sachez que en la cité de Mallorques, en l'ordre des frères prescheurs, avoit ung religieux nommé Jehan Oset, et estoit natif de Cathaloigne, lequel ung jour venant se confesser à luy ung marinier de Mallorques, luy demanda s'il tenoit rien de tort à nully. Respond le marinier : «Je tiens de tort ung florin et demy». Dict le religieux : «Fais compte que soient deux».

106

Respond le marinier : «S'il n'y a qu'ung florin et demy, comme feray-je compte que ce soient deux ?» Dict le frère : «Fays comme je te dy». Respond le marinier : «En bonne heure, monsieur, je tiens deux florins de tort». Dict le frère : «Tiens tu rien de tort davantage à nully ?» Respond le marinier : «Ouy, monsieur, je tiens de tort à ma femme troys florins». Dict le frère : «Fay compte que soient cinq». Respond le marinier : «Et s'il n'y a que troys florins, comme feray-je compte que ce soient cinq ?». Dict le frère : «Fay ce que je te dy». Dict le marinier : «En bonne heure, je tiens cinq florins de tort à ma femme». Et ainsi monta le frère peu à peu, jusques à la somme de dix florins ; et lors luy dict : «Mon filz, tu voys que la somme de deniers que tu tiens de tort montent dix florins, de quoy m,en appartient ung florin et je t'absouldray de tous tes péchez». Respond le marinier : «Monsieur, je n'ay icy nulz deniers, mais donnez-moi l'absolution et incontinent je vous apporteray, car ma maison est icy près». Parquoy le frère lui donna l'absolution, à la charge qu'il luy apporteroit le florin.

La tromperie que feit le marinier au religieux

Et comme le marinier sortoit de l'église, il trouva au chemin une escorce de grenade, et avec ung couteau la rondist qu'il sembloit que ce fust ung florin ; et s'en retourna à l'église et le monstra de loing audict religieux, et après il le mist sur l'autel, disant : Pater, voylà le florin sur l'autel, et tourne visaige et s'en va. Et le frère subitement avant que le marinier fust au millieu de l'église, prenant le florin, trouva que c'estoit une ecorce de grenade, et criant au marinier, disoit : «Dy, hau, bonhomme de Dieu, cecy n'est pas ung florin». Respond le marinier : «Pater, faictes compte qu'il soit florin». Dict le frère : «Et si c'est une escorce de grenade, comme feray-je compte qu'il soit florin ?». «Faictes ce que je vous dy». Dict le frère : «Sçavez-vous que c'est ? Ne vous tenez pas pour absoulx». Respond le marinier : «Ne vous tenez pas pour payé». Et ainsi s'en alla par le chemin en sa maison.

L'ASNE DICT A FRERE ANSELME

- Icy povez veoir, frère Anselme, quelle manière trouvent et observent vos religieux par leur grande malice, et pour assembler deniers, affin que avec argent puissent aller en court de Rome et se facent évesques de Nullatenen (76) et sortent d'obédience pour faire du tout à leur plaisir. Mais à la fin tout faict maulvais prouffit, et perdent les deniers, et enrichissent les aultres qui n'ont point travaillé, ainsi comme à ung frère mineur de vostre ordre advint une fois.

- Seigneur Asne, selon le proverbe : «Maulvaise chappe coeuvre souvent bon beuveur», (77) ainsi me semble-t-il de vous. Car qui vous voit ainsi maigre, escorché et sans queue, il pense qu'en vous n'ayt nulle subtilité, mais que vous soyez lourd et idiot, combien que à ce que je voy, vous estes ung grand taille pigeons*. Et si je vous eusse aussi bien cogneu au commencement de ma dispute, comme je fay à ceste heure, je vous jure en vérité que ne me fusse pas prins à vous en faict de dispute. Mais puis que sommes venus si avant, il me conviendra veoir la fin, vous priant qu'il vous plaise de me dire ce qui advint au frère mineur, car je y prendray plaisir. Aussi fera le très hault et très puissant prince le Roy vostre Sire, car je voy qu'il s'est prins à rire de la tromperie faicte au frère prescheur par le marinier.

L'Asne récite ce qui advint à Mallorques à ung frère mineur qui perdit mil royaux par sa grande avarice

- Frère Anselme, en vostre cité de Mallorques estoit ung frère mineur, nommé par son nom frère François Cytgès, lequel je croy que encore y soit-il aujourd'huy que nous comptons 1417 : Lequel frère n'estoit ne trop sçavant ne trop ydiot, et estoit de ceulx qu'on appelle prédicateurs de fromage (78). Et estoit d'assez bonne condition, et avoit la parolle tant féminine que qui ne le veoyt et oyait sa parolle, il eust dict proprement que c'estoit une femme. Et estoit homme fort curieux à amasser argent, et fort noble homme, et sçavant en faict de confession, et avoit grand moyen à demander et examiner ordinairement des péchez. Pour laquelle chose, la plus grand part des gens de bien de Mallorques se confessoient à luy. Parquoy en peu de temps, il amassa mil réaulx d'or, lesquelz il mist en garde entre les mains d'une nonnain de celles de son ordre, nommée soeur Anthoinette, laquelle estoit sa plus spéciale amie, d'autant qu'elle servoit à luy nettoyer et laver sa robe, et à luy appareiller quelque fois à manger et le servoit en maladie, luy faisant des confitures le caresme, et plusieurs aultres services.

Comment Nadalet donna ung coup de poignard à sàmie et comme il eut les mil réaulx d'or du frère mineur

Il estoit en ce temps ung beau galand, ruffien au bourdeau, lequel avoit nom Nadalet, bel homme de sa personne, bein faict et proportionné de tous les membres, gentil et poly. Et alloit tousjours tant gentiment vestu, que qui le veoyt il n'eust pas dict qu'il eust esté ruffien, mais plus tost quelque bon marchant. Ce Nadalet avoit une amie au bordeau nommée la Françoise, fort belle jeune femme et gentille, et avoit esté juifve. Advint ung jour feste de Noël, que le dict Nadalet jouant à la Grecque perdoit son argent et demanda à ladicte Francoyse sàmie deux florins d'or à emprunter pour jouer, lesquelz incontinent lui presta. Et après les avoir perdu, tout soubdain luy en demanda autant, et elle ne luy voulant prester, avec la furie de jeu lui donna ung grand coup de poignard à l'estomach, parquoy elle cheut à terre. Et le sang sortant, pensant Nadalet qu'elle fust morte, il s'enfuyt et se cacha soubz ung grand autel nommé l'austel sainct Chrestofle, en une église des frères mineurs, avec ung sien compaignon nommé Anthoine Riusech. Et incontinent envoya sondict compaignon au bourdeau pour veoir si ladicte Françoise estoit morte ou non, et qu'il retournast luy dire incontinent.

Comment sœur Anthoinette vint au couvent des frères mineurs

Or advint, frère Anselme, par cas d'aventure que ledict frère François Cytgès avoit envoyé quérir sœur Anthoinette dessusdicte ; et ung peu devant qu'elle vint, ledict Nadalet s'estoit caché soubz ledict autel. Et voicy frère Cytgès, lequel tirant sœur Anthoinette à part, vint avec elle tout droit au près de l'autel sainct Christofle où ledict Nadalet estoit caché. Et lors, frère Cytgès dict à sœur Anthoinette : «Ma bien aymée sœur Anthoinette, je suis désormais vieil et ne puis plus souffrir les peines et les travaulx de l'ordre. Et ces jeunes frères me veulent tous mal, pour ce que je ne leur veulx rien donner du mien, et me font plusieurs despitz et mocqueries. Et davantage frère Galceran s'est courroucé pour ce que ne luy ay voulu prester cent réaulx d'or pour aller en Angleterre se faire maistre. Il m'a menacé qu'il me fera sortir de Mallorques et qu'il me fera estre conventuel à Jaca. Et aussi frère Jacques Marc me va priant que je luy preste. Ensemble frère Poncet et frère Jehan Pimeno me font continuellement assaulx et tempeste, affin que je leur ayde de mon argent, à quoy faire ne suffiroit toute la mer. Parquoy, ma sœur, j'ay pensé et pense encore de m'en aller en court de Rome pour me faire évesque de Nullatenensis (79), ainsi qu'ont faict frère Benoist Sanc, frère Anthoine Badia et frère Pierre Luffrieu. Par ainsi seray hors de toute peine, et avec ce que j'ay du mien vivray noblement, car avec cent royaux que je donneray au cardinal d'Hostre, lequel est frère mineur et mon bon amy, pource qu'il estoit ministre de la province de France au temps que j'estoys estudiant, il procurera pour moy avec le Sainct Père que je seray évesque ; et pour despense et aultres fraiz, deux cens aultres réaux d'or me suffiront.

Frère Cytges dict à sœur Anthoinette le nom du marchant

Et pourtant, ma sœur, quand il viendra l'heure de vespre, je vous envoyray ung jeune marchant de Barcelone, lequel est mon grand amy, et luy donnerez troys cens royaulx d'or, que tenez dedans le coffre que j'achetay en la place de sainct André l'aultre jour ; et tous les mil si les vous demande, car il m'a dict que d'autant de royaulx comme je luy donneray pour faire marchandise*, il m'en donnera vingt pour cent par an, qui est ung beau gaing. Et puis fier en luy, car il est homme de bien et est mon filz en confession, et se nomme Loys Regolf, filz de Jehan Regolf, changeur de Barcelone. Or vous en allez en bonne heure et faictes ainsi que j'ay dict. Incontinent, frère Anselme, que ledict Nadalet, lequel estoit caché soubz l'autel, eut ouy les parolles de frère Cytgès avec sœur Anthoinette, il print garde à tout et tint en mémoire le nom du marchant, le nom du père du marchant et toute l'hystoire.

Comment Anthoine Riusech vint

Incontinent que sœur Anthoinette fut partie et frère Citgès entré dedans le couvent, voicy venir Anthoine Riusech, compaignon de Nadalet, lequel il avoit laissé caché dessoubz l'autel, qui dit audit Nadalet : «Mon compaignon, viens en bonne heure et n'aye peur aucune. Car la Françoyse n'a aucun mal, et a failly le coup de poignard, lequel luy a seulement ung peu escorché la chair ; et ne suis point party de là jusques à ce que nous avons beu ung plein pot de vin grec ; et est devenue tant bonne qu'elle m'a promis de faire paix avec toy, et te prestera voluntairement dix ou douze réaux d'or, si tu en as affaire. Et pourtant, viens-t-en en la bonne heure et n'ay point de doubte».

Nadalet dit à son compaignon

- «Anthoine, mon amy, dit Nadalet, va-t-en donc le chemin du bourdeau et m'attends à la porte de sainct Michel, jusques à ce que je vienne, car je te jure Dieu que jamais ne fut tant fortuné, tant heureux coup de poignard.» Et après que ledict Anthoine s'en fut allé, voicy Nadalet qui s'en va tout droit au tiers ordre ; et estoit près de l'heure de vespres. Il hurta à la porte et demanda à la portière où estoit sœur Anthoinette, car, dit-il, j'ay affaire à elle». Et la portière, entrant dedans la religion, dit à sœur Anthoinette : «Madame, il y a ung jeune homme à la porte qui vous demande». Et sœur Anthoinette dit : «Quel homme est-il ? » Madame, dit la portière, c'est ung homme bien vestu, et semble que ce soit quelque gros marchant». Dit sœur Anthoinette : «Va-t-en devant. Ce sera le marchant que frère Citgès devoit envoyer».

Comment sœur Anthoinette vint à la porte

Ainsi comme celle qui ne désiroit faillir au commandement de frère Citgès, incontinent elle s'en vint à grands pas à la porte où elle trouva Nadalet. Et après plusieurs grandes salutations, Nadalet luy dit : «Madame sœur Anthoinette, mon père spirituel, frère François Citgès, m'a envoyé à vous et vous prie que me donniez le coffre qu'il acheta l'autre jour à la place sainct André, avec les mil réaulx d'or qui sont dedans, car il en veult prendre troy cens pour aller en court de Rome pour se faire évesque. Et des sept cens qui resteront, il a accordé avec moy que j'en doy faire marchandise et luy en doibs rendre de proffit vingt pour cent par an».

Comment sœur Anthoinette fut trompée

Les parolles de Nadalet ouyes par sœur Anthoinette, elle luy dit : «Monsieur, comme est vostre nom ?» Dit Nadalet : «On m'appelle Loys Regolf, filz de Jehan Regolf, changeur de Barcelone. Et oyant sœur Anthoinette le nom, entra en la religion et ne tarda guyère qu'elle apporta le coffre avec les mil réaulx d'or, et venant à la porte, dit à Nadalet : «Monsieur, voicy le coffret, avec les mil réaulx d'or. Parquoy pensez de les compter». Et Nadalet qui craignoit que Loys Regolf ne survint, pour ce qu'il estoit heure de vespre, se trouvant troublé en soy-mesme, luy dit :

Nadalet dit à sœur Anthoinette

«Madame, il n'est ja besoing que je compte après vous». Cela dit, il print le coffret et le mist soubz son manteau. Il prent congé d'elle et s'en va tout droict au bordeau. Et après qu'il eut trouvé son compaignon, luy monstra le coffret et luy compta toute l'hystoire. Et en grande joye s'en vont appoincter* avec la Françoyse où se donnèrent du bon temps avec l'argent que le pouvre frère avoit amassé de long temps, en grande peine et travail.

Comment Loys Regolf vint tantost

Nadalet n'estoit pas encore au bordeau que frère Citgès envoya ledit Loys Regolf à sœur Anthoinette pour avoir l'argent, comme il lui avoit dit auprès de l'autel. Et venant au tiers ordre, hurta la porte et demanda sœur Anthoinette pour avoir les deniers, comme luy avoit esté dit. Et elle venue, après toutes salutations, Loys Regolf dit : «Madame sœur Anthoinette, frère Citgès m'envoye à vous, affin que me donniez le coffret avec les mil réaulx d'or».

Dit sœur Anthoinette : «Comment est vostre nom ?» «Madame, dit-il, on m'appelle Loys Regolf». Incontinent que sœur Anthoinette ouyt ces parolles, elle cheut esvanouye en terre, gettant ung grand cry, auquel sortirent les nonnains, et la voyant en tel estat, luy arrosèrent le visage d'eau froide, et elle revint à soy. Alors, elle cryant et s'esgratignant le visage et dessirant sa robbe, en cheminant le chemin de sainct Françoys, et le marchant avec elle. Et après qu'elle fut là venue, demande frère Citgès, lequel vint incontinent. Et voyant sœur Anthoinette ainsi acoustrée, et après qu'il eut ouy la raison, il esvanouyt de la grand douleur, et, sauf vostre honneur, se conchia villainement : parquoy il fallut que les frères le lavassent d'eau froyde. Et après qu'il eut ung peu reprins de vigueur, ils l'emportèrent en sa chambre et le misrent sur le lict, après l'avoir nettoyé de son ordure. Et print ledict Citgès si gros desplaisir qu'il en tomba en grosse maladie, laquelle luy dura troys moys. Et quand il fut guary, si est-ce qu'il fut tousjours depuis triste et mélencolieux. Et Nadalet dessusdict se donnoit du bon temps avec la Françoise. Et voylà, frère Anselme, comme vos religieux évitent le péché d'avarice.

Du quart péché mortel, qui est ire

- Desjà avez ouy cy-dessus l'hystoire du tiers péché mortel qui est luxure, au faict de la confession de madame Tècle avec frère Juliot ; parquoy n'est besoing que je le vous récite. Toutesfois je vous reciteray l'hystoire du péché de ire. Sçachez, frère Anselme, que en vostre cité de Mallorques, dedans le couvent des frères mineurs, avoit un bon homme appellé Aymery de Grave, lequel estoit de nation françoise, noble et gentilhomme de vraye race, car il estoit prochain parent du comte d'Armignac, et estoit venu audict couvent pour estudier en théologie. Ung jour s'en alloit par la dicte cité, et passant par la rue de la mer, veit une guenon dedans ung panier, et l'achapta pour en faire ung présent audict comte d'Armignac son parent, pource qu'en France n'y a pas beaucoup de telz animaulx. Et ayant achapté la dicte guenon, ne passèrent quinze jours qu'elle mourut. Advint, frère Anselme, que aux folies que les frères font par coustume en lieu de se donner plaisir, soulas et matière de rire, ilz estoient troys religieux qui vouloient mal audict frère Aimery, et avoient faict une chanson de ladicte guenon, que l'on commence ainsi :

> Ung plaint feray tousjours, puis que frère Aymery
> M'a prié de ce faire pour la guenon gentille.
> Hélas, frère Aymery, quelle chose ferez ?
> Pour toute récompense la guenon payerez,
> Et elle est morte.
> Le conte a beau attendre avant qu'on la luy porte.

Ne vous souvient-il, frère Anselme, de la reste de la chanson ?

112

Les noms des religieux et ce qu'ilz feirent

Et voicy les troys religieux dont le premier avoit nom frère François Caraval, natif de Morelle, le second frère Matthieu Ponce, natif de Florence, le tiers, frère Gauthery, natif de Daroca, qui chantoient ladicte chanson, de quoy frère Aimery eut grand desplaisir et commença à les vitupérer et injurier, tant qu'ilz se prindrent à belles mains ; et n'eust esté que le gardien, nommé frère Jaume Florence, leur commanda par la saincte obéissance qu'ilz se partissent de là et qu'ilz s'en allassent dormir, ilz feussent à peu près estranglez.

Comment frère Aimery fut tué

Après que les religieux furent allez dormir, lesdictz troys religieux prindrent chascun ung bon baston en la main et se misrent en aguet près des retraictz, où ilz le misrent par terre et luy donnèrent tant de coups de bastons que le bon frère ne vesquit que cinq jours. Or voyez, frère Anselme, comme vos religieux évitent le péché d'ire.

Frère Anselme dict à l'Asne

- Seigneur Asne, en vérité ce jour-là fut maulvais pour ledict frère ; aussi fut pour les troys religieux. Et me souvient de ce faict, et estoys fort jeune lors que cela fut faict ; et me souvient que deux des religieux s'en fuyrent, et l'aultre, c'est à sçavoir frère Matthieu Ponce, fit prins, justicié et condamné à prison perpétuelle, et eurent tousjours depuis beaucoup de maulx. Or je vous prie, ayons l'hystoyre de glotonnie.

L'Asne parle du 5e péché qui est glotonnie

- Frère Anselme, au champ de Tarragonne y a ung village nommé Cambrils, et est bon et gros village, lequel est au roy. Et ont coustume, frère Anselme, audict village que quand il y a quelque feste, une fois y vont prescher les frères mineurs, l'aultre fois les frères prescheurs. Advint que ung jour de Nöel, qui estoit pour lors le jeudy, alla prescher audict village ung frère prescheur. Et le lendemain, s'en retournant de bon matin en la cité de Tarragonne, il se trouva à passer la rivière appellée Francolle avec deux frères mineurs du couvent de Tarragonne, appellez par nom, l'ung frère Jehan Compaignon et l'aultre frère Pierre Tavernier ; et après leurs salutations, il leur demanda où ilz alloient, ilz luy dirent qu'ilz alloient à   Cambrils   (80). Et après luy demandèrent comme il avoit esté traicté le jour de Nöel avec le curé dudict village. Dict

113

le frère prescheur : «En vérité, mon amy, ledict curé nous a honnestement festoyé à force chevreaulx roustiz et chair de mouton bouillye, avec leurs saulces et bon vin vermeil, et après, tourterelles et ramiers à belle poyvrade, de sorte qu'il me sembloit estre en paradis terrestre. Et achapta hyer ledict curé sept livres de congre gros comme la jambe. Et je ouy qu'il dict à la Catherine sàmie qu'elle en feist une pasté au four. Et par ainsy, mon amy, si vous allez ung peu tost, vous pourrez bien avoir ung bon disner et manger du pasté».

Incontinent, frère Anselme, s'il dist cela au muet, il ne le dist pas au sourd, et voicy frère Compaignon qui trousse ses hayllons et se met en chemin, tellement que de troys pas n'en faiscit qu'ung pour venir à temps à ce disner et pour manger du pasté.

Et pource que ceste Catherine, amie du curé, vouloit mortellement mal à tous les religieux en général, pour ce qu'ilz cryoient fort après ledict curé de ce qu'il tenoit une amie, parquoy ayant faict le pasté et l'heure venue du disner, elle dict au curé : «Monsieur, disnons-nous avant qu'il survienne quelque escornifleur ?» Dict le curé : «Et quel escornifleur nous peut suyvre ?» Respond la Catherine : «Quelque traiste religieux qui viendra et mangera le pasté». Dict le curé : «En nom de Dieu, Catherine, allons nous-en disner».

Incontinent, frère Anselme, qu'ilz commençoyent d'eulx asseoir pour disner, à peine furent-ilz assis que voicy frère Compaignon et son compaignon qui sont arrivez. Très hardiment hurtèrent à la porte. Lors la Catherine, courant à la porte, regardant par les trouz d'icelle et voyant les frères, s'en vint demye morte au curé, et le curé luy dict : «Qui est là ? » Dict la Catherine : «Tel mal, que à la porte sont deux religieux». «Le proverbe dict bien la vérité, dict le curé : «Du mal que l'homme a peur, de celuy-mesme meurt». (81) Dict la Catherine : «Par la saincte passion de Dieu, ilz ne mangeront jà du pasté». Et tantost le cacha, et va ouvrir la porte.

Et voicy les frères mineurs qui saluent le curé ; et le curé leur dict : «Messieurs, j'ay grand plaisir de vostre venue et grand desplaisir que je n'ay des viandes pour vous traicter, comme à telz seigneurs appartient ; mais je n'ay aultre chose pour le présent que des sardaignes». Respond frère Compaignon : «Monsieur le curé, vostre bonne chère* et bon accueil aymons nous mieulx que les bonnes viandes». Celà dict, ilz se assièrent à table, et fut mis ung tranchoir avec sept sardaignes devant frère Compaignon et son compaignon, et ung aultre tranchoir avec autant de sardaignes devant le curé et la Catherine.

Voicy, frère Anselme, frère Compaignon lequel avec le cousteau tailla la teste à une sardaigne, et après qu'il eut mangé deux ou troys morceaulx, il print la teste de la dicte sardaigne et la approcha de son aureille, comme s'il eust montré que la sardaigne luy respondoit à ses demandes, et dict à la sardaigne : «Ce que vous me dictes en me respondant, je ne croy pas qu'il soit ainsi». De quoy le curé et la Catherine estoient fort émerveillez, voyant l'acte que frère Compaignon faisoit à la sardaigne. Parquoy, frère Anselme, après que frère Compaignon eut mangé encore deux ou troys aultres morceaulx, de rechef

114

prenant la teste de la sardaigne, l'approcha de son aureille et dit : «Dame sardaigne, je ne puis penser que ce que vous me dictes soit la vérité, car monsieur le curé n'est pas tel qu'il me feist tel cas».

Incontinent que la Catherine ouyt ces parolles, comme le sçavez que les femmes veullent tousjours sçavoir les chouses doubteuses, elle prie le curé qu'il prie frère Compaignon, et aussi elle-mesme le prioit de dire de quoy estoit son parlement avec la sardaigne. Et frère Compaignon, se faisant fort prier, ne voulant rien dire du dict parlement, luy dict : «Dame Catherine, ne vous souciez jà de sçavoir mon parlement avec la sardaigne, car je luy demande aulcune chose dont elle me respond». Voicy de rechef le curé qui le pria fort affectueusement. Et ne voulant ne povant frère Compaignon contredire aux prières du curé, luy dict ainsi : «Monsieur, je vous diray le parlement de moy avec la sardaigne soubz telle condition toutesfois que si la sardaigne a dict vérité, que vous ne le me cèlerez, mais me le direz». Incontinent le curé en jurant luy va promettre. Lors frère Compaignon récita le parlement de la sardaigne, disant ainsi : «Monsieur le curé, j'ay demandé à la sardaigne lequel estoit le plus grand et le plus gros poisson qui soit en la mer. Et elle m'a donné pour response qu'il y a si longtemps qu'elle en est dehors qui ne luy en souvient, mais que je le demande à ung congre fraiz qui est en la maison de céans, qui n'y a que deux jours qu'il est sorty de la mer, et il le me sçaura à dire». Incontinent, frère Anselme, voicy le curé avec grand risée, dict : «Par le corps de tel, la sardaigne dict vérité. Levez-vous, Catherine, et apportez le pasté». Et, ostant les sardaignes de dessus la table, eurent bien à disner.

Voicy, frère Anselme, comme vos religieux évitent le péché de glotonnie, que, affin qu'ilz puissent manger ung bon morceau, cheminent deux lieues à trenche col (82).

Frère Anselme dict à l'Asne

- Seigneur Asne, en vérité frère Compaignon fut bien subtil à trouver si soubdain une telle cavillation*, comme fut celle qu'il monstra, faisant semblant que la sardaigne luy parloit, pour venir à son intention du pasté. En vérité, plus je vous oy, et plus me vient en volunté de vous ouyr parlé, car je vous jure que si Dieu vous eust créé homme et que eussiez esté prédicateur, je croy que tout le monde eust couru à vostre sermon, laissant les autres prédicateurs, tant est vostre parlement plaisant. Et pour ce, je vous prie qu'il vous plaise me réciter l'histoyre du péché d'envie et de paresse.

115

Du 6 et 7 péché mortel, qui sont envie et paresse

- Frère Anselme, au champ de Tarragonne y a ung village aux montaignes, appellé par nom Falcet, et est bon village et gros et peuplé de bonnes gens, et appartient au conte de Prades. Auquel il advint que une feste de Noël allèrent là pour prescher deux frères mineurs et deux frères prescheurs, l'ung le jour de Noël et l'aultre le lendemain. Incontinent, frère Anselme, que les festes furent passées, s'en voulans les frères retourner à Tarragonne dont ilz estoient venuz, prenans congé du seigneur le 〔 conte〕 (83), il leur dict : «Seigneurs religieux, à nous et à tout le peuple a pleu vostre scientifique et plaisante manière de prescher ; et pour ce, advisez-vous de demander quelque don qu'il vous plaise et nous le donnerons ; mais nous voulons que le frère prescheur demande le premier don, et après demandera le frère mineur». Soubdain, frère Anselme, que le frère prescheur eut ouy celà, il dict en soy mesme : «J'ay faict maulvais voyage, car si je demande le premier, le frère mineur demandera plus que moy, et luy ayant plus que moy, la mort me seroit meilleure que la vie ; mais je sçauray plus que luy. Et lors, se tournant vers le conte, luy respond, disant : «Seigneur conte, je vous demanderay un don, à condition que la chose que je demanderay me soit donnée sans auscune dilation*». Ce que le conte luy promist. Et lors luy dist : «Seigneur, je vous demande qu'il me soit donné le double de tout ce que vous demandera le frère mineur». Et le conte luy accorda. Incontinent que le frère mineur eut ouy la demande du frère prescheur, il cuyda mourir d'envie et desplaisir, disant en soy-mesme : «Malencontre puisse avoir ce traistre prescheur qu'il aura le double de tout ce que je demanderay, car si je demande cens florins, il en aura deux cens. Et plus tost mourir content que vivre mal content» (84). Et lors le frère mineur pensa et demanda le don, disant : «Seigneur conte, je vous demande maintenant qu'il vous plaise me faire donner deux cens bons coups de baston ; et en ce vous prie, seigneur qu'il n'y ayt faulte, car cela est la plus grande grâce et récompense que me peut faire en ce monde vostre Seigneurie».

Incontinent le conte dict à deux escuyers qui estoyent près de luy : «Allez et apportez deux bons bastons de meslier et luy faictes ce plaisir, puis qu'il le demande avec si grande dévotion». Après que les deux escuyers eurent apporté deux bons bastons, ilz empoignèrent le frère mineur par le chapperon et commencèrent à l'estriller. Et comme ilz eurent donné audit frère mineur cent coups de baston, voicy le frère prescheur qui commence à crier, disant : «C'est assez, Seigneur, car le frère mineur n'a demandé que cent coups de baston». Quand le frère mineur ouyt les parolles du frère prescheur, il dict tout en suppliant, pleurant et criant : «Non, Seigneur, n'escoutez pas le frère prescheur et me donnez aultres cent coups de baston, car deux cens vous en ay demandé». Et se tournant vers le frère prescheur, il luy dict : «Que vous semble, frère prescheur, du don que j'ay demandé ? S'il me semble qu'il ne vous plaist beaucoup. Vous avez par vostre cupidité demandé le double de ce qu'il

116

me sera donné, et pour ce, il me plaist d'avoir maulvais Noël, affin que vous ayez pire Innocens et encore plus maulvaises estraines» (85). Soubdain, frère Anselme, que le frère mineur eut receu ladicte grâce, voicy les deux escuyers qui empoignèrent le frère prescheur par la carcelle* de la cappe*, et luy donnèrent quatre cens coups de baston, de sorte qu'il le fallut porter sur ung asne en la cité de Tarragonne.

Voyez, frère Anselme, comme vos religieux évitent le péché d'envie.

Frère Anselme parle à l'Asne

- Seigneur Asne, en vérité, le frère prescheur fut malavisé de demander le double de ce qui seroit donné au frère mineur, mais la traistesse envie luy feit faire cela, et la cupidité d'avoir davantage que le frère mineur, et ne pensoit pas à ce qu'en pouvoit ensuyvir. Et qui ne regarde devant soy, comme disiez n'a guères, il chet en arrière (86). Parquoy je vous prie que çes histoyres vous suffisent, car puisque les affections de coups de bastons sont venus, nous pourrions encore venir à pires choses.

16

Retournons à nostre propos, car je vous veulx encore prouver que entre nous filz d'Adam sommes de plus grande noblesse et dignité que vous aultres animaulx. Et ce pour autant que nous avons sens naturel et âme intellective, et vous aultres n'avez que ung peu de discrétion naturelle.

L'ASNE RESPOND A FRERE ANSELME, LUY PARLANT DE LA NATURE DES ANIMAULX, METTANT CHASCUN EN SA NATURE

- Frère Anselme, il me semble que vous estes ung peu bas devant (87). Bon homme de Dieu, affin que cognoissiez clairement que entre nous animaulx avons sens naturel et âme intellective aussi bien et mieulx que vous, je vous réciteray aucuns actes de nos animaulx, par lesquelz verrez clairement vostre dire estre faulx.

Voyez, frère Anselme, les poulletz des gélines et des perdriz comme incontinent qu'ilz sont escloz courent après leur mère ; et quand ils voyent que la mère fuyt et a peur, ilz fuyent aussi incontinent, tenans le chemin de la mère, et mangent soubdain d'eux-mesmes. Et si ils se perdent d'aventure et oyent la voix de leur mère, ilz accourent subitement et s'en viennent là où est la mère (88).

Davantage, chevaulx, muletz, boeufs, moutons, boucz, chatz et semblables animaulx, incontinent que leur temps d'enfanter est venu, voyez comme leurs femelles, sans douleur ny travail, font leurs masles et femelles, sans

117

qu'ilz ayent mestier de sages-femmes, ne de lavandières d'enfans, ne que quelqu'ung leur couppe le nombril, et cherchent incontinent la pasture. Aussi tout soubdain d'eux-mesmes prennent la mamelle et tettent. Davantage les chiens et les chatz, par quelle discrétion et diligence portent-ilz leurs petits d'ung lieu en l'autre, avec leurs dents, tant gentement et doulcement qu'ilz ne leurs font point de mal. Et vous aultres, frère Anselme, quand vous estes nay, ne sçavez prendre la mamelle, mais au contraire, si vostre mère ne la vous mettoit en la bouche, mourriez de soif ; et ne pouvez ny ne sçavez manger viande aulcune, mais demourez cinq ou six moys que ne vives sinon de lait. Et après, vos pères et mères vous maschant vostre viande, et ainsi maschée la mangez. Et si vos pères ou mères s'enfuyent pour quelque espouventement, vous aultres demourez au berceau, que ne sçavez ou pouvez fuyr après eulx, ainsi que font les pouletz des gelines et des perdriz. Et vos femelles enfantent en grand douleur et travail, et leur fault des sages-femmes et d'aultres pour coupper le nombril à vos enfants, et plusieurs et souventesfois en meurent à l'enfantement. Et cela par la malédiction que Dieu leur a donnée. Davantage, les femelles de nos animaulx, après qu'elles sont pleines, ne vouldroient approcher du masle pour tout l'avoir du monde (89), sçachant que là est accomply ce parquoy Dieu donna la conjuction du masle avec la femelle. Et vos femmes, frère Anselme, ne sont ainsi, ny ne leur plaist en rien la condition de nos femelles. Ains au contraire, car après qu'elles sont enceinctes, c'est à l'heure qu'elles requièrent plus l'homme que devant.

Que vous semble, frère Anselme, de la vraye amour que porte la tourterelle à son masle, que quand il est mort, elle faict très grand deuil, et ne repose jamais sur arbre verd, ny ne boyt eaue claire, mais trouble, et si elle ne trouve de l'eau trouble, elle la trouble avec les piedz et alors boyt ? Et puis demoure veufve tout le temps de la vie, sans qu'elle veulle prendre mary (90). Et vos femmes, frère Anselme, à peine est pourry leur mary en la fosse, mais se pourroit encore faire saulce de leur soye, que tout soubdain cherchent aultre mariz. Et plusieurs fois, frère Anselme, feront mourir leurs mariz par médecines et poysons qu'elles leurs font manger pour pouvoir prendre à mary ceulx dont elles sont amoureuses. Voyez quelle différence il y a d'ung amour à l'autre ı

Que vous semble du sens et discrétion de l'éléphant qui, en tous les actes et faictz, il semble qu'il soit filz d'Adam en toutes choses ? C'est à sçavoir qu'il entende et cognoisse toutes choses, tellement que s'il a palefrenier ou valet qui luy donne à manger vient à mourir, il s'en donne tant d'ennuy et de desplaisir qu'il est deux ou troys jours qu'il ne veult manger ne boyre, monstrant signe de tristesse pour l'absence dudict valet (91).

Que vous semble de mesme du sens naturel de l'aigle que, après que les petitz sont nays, elle les faict regarder contre les rayes du soleil ? Et s'ilz le regardent et voyent de poinct en poinct, il sçayt qu'ilz sont siens, et si leur voit pleurer les yeulx, il sçayt qu'ilz sont bastards et les gette incontinent hors du nid (92).

Que vous semble du sens de l'espervier, lequel, quand il veult prendre quelque oyseau pour son manger, s'il ne le prent à deux vollées, depuis il ne luy va plus après, sachant qu'il ne plaist pas à Dieu que ledit oyseau meure ? Davantage pource que ledit espervier est podagre, il prend toutes les nuytz ung oyseau et le tient entre ses piedz pour les tenir chaulx, et après le matin le laisse aller sans luy faire nul mal ; mais si ledict oyseau est prins par luy, quelque grand fain qu'il ayt, ne le vouldroit avoir mangé, ains le laisse aller sans luy faire aucun dommage.

Que vous semble du sens du cocu que, quand il advient que le père est fort vieux et que toutes les plumes luy tombent de vieillesse et ne peult voller, alors les petitz luy font ung beau nid où ilz le font reposer, et luy apportent à manger tous les jours, jusques à ce qu'il plaise à Dieu qu'il meure ?

Que vous semble du chameau qui, pour chose du monde, ne veult approcher ny avoir affaire avec aucune femelle qui ayt eu affaire avec son père ? Et les congnoist au fleurer, et si elle s'approchent de luy, à morsure et à rudes la faict fuyr loing de luy (93).

Que vous semble du sens du castor que, quand il voit les chasseurs qui le veullent prendre, sachant que lesdictz chasseurs ne veullent prendre sinon pour avoir ses génitoyres, qui sont bons à plusieurs médecines, s'il cognoist qu'il ne puisse échapper sans estre prins, alors luy-mesme avec les dents s'arrache les génitoyres et les gette aux chasseurs, les voulant plus tost perdre que mourir ou perdre la vie ? (94)

Que vous semble du sens du pinet*, lequel ne faict son nid sinon par les troux et pertuys des arbres ? Et quand il advient que lesdictz trouz ou pertuys sont fermez par aucun filz d'Adam avec du fer ou aultre chose, il apporte incontinent une herbe, laquelle a telle vertu que toute fermeture laquelle est touchée de ladicte herbe se ouvre et rompt incontinent, et touchant ladicte herbe le trou de son nid estouppé et fermé se ouvre incontinent. Et pour ceste raison, ladicte herbe est appellée herbe de pinet (95).

Que vous semble du sens de l'arondelle, laquelle, si les yeux estoient crevez à ses petitz, apporte incontinent une herbe de laquelle touchant les yeulx de ses petitz, les ouvrent incontinent et recouvrent la veue ? Et est appellée ceste herbe chelidonia (96).

Que vous semble du sens de la mustelle, laquelle, quand elle veult combattre contre le serpent, elle s'envelope premièrement toute de rue, et après va manger de la racine de pennical*, et cela faict, elle va combattre contre le serpent ? Et voylà comme elle sçait que lesdictes herbes ont force et valeur contre le venin du serpent (97).

Que vous semble du sens du cerf que, quand il voyt qu'il est blécé par quelque chasseur de quelque sagette* envenimée, incontinent il s'en va manger des fueilles de orboys*, sçachant que elle vault contre venin ? (98)

Que vous semble du sens des chiens et des chatz, lesquelz, quand ilz voyent que par trop manger le ventre leur faict mal et leur cause douleur, incontinent ilz s'en vont manger plusieurs herbes qui provoquent le vomir et les faicts jecter, sçachans que la meilleure médecine qui soit au monde pour guarir de la réplétion de l'estomach est le vomir ?

Que vous semble du sens de la cygoigne, laquelle, incontinent qu'elle se sent dure du ventre, s'en va à la mer, et, prenant de l'eau de la mer avec le bec, s'en emply la bouche et la met par derrière en manière de clystère, sçachant que le clystère est parfaicte médecine à dureté de ventre ? (99)

Que vous semble du sens du renard que, quand il voyt qu'il ne trouve que manger, ny ne peut desrober les gelines ès cages ou poulaillers, comme il est accoustumé, il se jecte au milieu du champ à terre et est comme mort, ne mouvant ne teste, ne pied, ne queue, ny aultre membre quelconque de son corps, tellement que qui le voyt alors ne doubte point qu'il ne soit mort ? Et lors, passans les corbeaulx ou corneilles, le voyant par terre en telle masnière, pensant qu'il soit mort, descendent et se viennent poser sur son ventre. Lors, monsieur le renard qui les empoigne avec les dens, et en lieu qu'ilz le vouloyent manger, luy-mesme au contraire les mange, et en ceste manière ledict renard se saoule.

Que vous semble du sens de la perdriz que, quand elle voyt que les chasseurs veullent prendre ses petitz, elle crye ? Et incontinent ses petitz s'en fuyent. Et elle faict semblant qu'elle ne peut voller, et volle ung peu, et puis chet en terre, et le chasseur la voyant cheoir, court après elle pour la prendre et laisse les petitz. Et elle volle un peu davantage, et puis se laisse cheoir en terre. Et faict tant de fois ceste acte jusques à ce qu'elle voyt que ses petitz soient fuys et soient loing de là. Alors elle volle et s'en va. Et pour ceste raison, elle deffend ses petitz qu'ilz ne soient prins (100).

Que vous semble du sens de l'areigne que, quand elle voit que quelque mousche est surprise en sa toyle, elle court incontinent ? Et la première chose qu'elle faict, elle le luy lye les piedz et les mains avec du fil fort délié, lequel elle tire de son ventre, et après qu'elle l'a bien lié, alors elle la mange, sçachant que si elle ne la lyoit, elle s'en pourroit fuyr en vollant, et ainsi elle seroit frustée de sa proye (101).

Que vous semble du sens de la grüe qui veille la nuict, faisant bon guet, de peur qu'elle ne soit prinse ? Et, craignant qu'elle ne soit surmontée du sommeil, elle prend une pierre et la tient en son pied senestre, et haulse ledict pied et dort sur le pied droit. Et faict cela pource que si le sommeil la surmontoit, luy tombant la pierre sur le pied, elle s'esveilleroit par la cheute de la pierre (102).

Que vous semble du sens du coq lequel trèsbien et ordonnéement chante les heures de la nuict et du jour, à chascune heure disant son oraison en tous les quatre temps de l'an, sans qu'il ayt mestier d'horloge, ne qu'il soit besoing que on le esveille ? Et quand il trouve quelque bonne viande, incontinent il crye sa compaignie de gelines et ne veult manger jusques à ce que elles mangent sensemble avec luy (103).

Que vous semble du sens du chat que, quand il veult faire son ordure, fouille en terre et comme fort bien et diligemment coeuvre sa fiante.

affin que le seigneur de la maison ne sente sa puanteur, craignant qu'il ne le jectast hors de la maison, sentant la puanteur de sadicte fiante ?

Que vous semble du sens du rossignol que, quand il est enamouré de sa femelle (104) il chante et rechante jusques à ce qu'il vienne affin de son intention ? Et quand il a accomply sa volunté, ne chante plus ; mais, quand elle s'approche de luy pour ouyr son chant, en lieu de chanter, il ronfle, sçachant qu'elle ne luy consentiroit jusques après telle louange.

Que vous semble du sens du chien et de sa vraye et bonne amour ? Lequel, pour ung plaisir, souffre cent desplaisirs. Car, puis que une fois il a mangé le pain de quelqu'ung, jamais ne l'oublie, ains luy pourriez donner cent coups de baston qu'il n'oubliera point le bénéfice receu. Voyez donc qu'elle différence il y a de l'amour du chien à l'amour de l'homme : car au chien, si vous luy faictes plaisir, vous luy pourriez faire cent desplaisirs après qu'il les endure tous, ayant esgard au plaisir receu. Et l'homme faict le contraire, car faictes luy cent bien grands plaisirs et après luy faictes ung petit desplaisir ; oublians tous les grans plaisirs receuz, veult prendre vengeance du petit desplaisir à luy faict (105).

Que vous semble du sens du cranc ? Que, quand il advient qu'il veult manger la nacre où se font les perles, estant la nacre ouverte, pource qu'elle ne vit sinon de l'eau de la mer, il vient doulcement et apporte une pierre, et, s'approchant de la nacre, il jecte la dicte pierre dedans icelle, et lors il la mange, sçachant que s'il ne faisoit ainsi, que la nacre se fermeroit incontinent, et n'auroit pouvoir de luy faire aulcun mal (106).

Vous semble-t-il donc, frère Anselme, que les actes dessus dictz soyent de sens et d'entendement ? Certes ouy. Et si vous voulez dire la vérité, vous serez de mon accord, c'est à sçavoir que lesdictz animaulx ont sens et âme intellective aussi bien et mieulx que vous aultres. Et laisse de dire de plusieurs animaulx, ainsi comme aulcuns scarabotz et aultres, lesquelz, quand ilz voyent que les filz d'Adam les touchent, de crainte qu'ilz ont de recepvoir dommage, font semblant qu'ilz sont mortz, ployans pieds et mains, que vous diriez qu'elles sont mortes ; et après, quand ilz ne sentent plus nully, se lèvent et s'en vont à leurs affaires.

FRERE ANSELME DICT A L'ASNE

17

Seigneur Asne, l'aultre raison pour prover que nous sommes de plus grande noblesse et dignité que vous aultres est par ce que nous sommes fort netz en nos festes et habillemens, et portons avec nous plusieurs bonnes odeurs, plusieurs parfums bien sentant. Et vous aultres estes privez et frustrez de toute netteté, et estes ordz, sales et puans. Et regardez en vous-mesme : premièrement, vostre ventre et vos cuysses sont pleines de fien, pissat et ordure, vos yeulx pleurans et chassieux, et la bouche baveuse et pleine de baves. Donc appert assez que ce que j'ay dict est véritable.

L'ASNE RESPOND

- Frère Anselme, qui mal dict, ouyr le veult (107). Je vous ay parlé jusques icy courtoysement. Mais puisque vous m'avez blasmé, je vous rendray la pareille, et si diray tousjours la vérité, car le proverbe dit : «Tel compte que te faict ton compère, tel le luy fays». Bon homme de Dieu, devant que plus parlez, tant plus vous errez. Et ce, de quoy vous vous louez est tourné à vostre déshonneur. Car je voy que vos yeulx sont plus chassieux et plourans que ne sont les miens ; et mes baves tombent à terre, et les vostres vous tombent sus la barbe; et tous les biens et plaisirs que avez, et délices de bonnes odeurs, ne les avez sinon par nous aultres animaulx. Et vous declareray le tout distinctement.

La cyre de laquelle vous vous allumez, vous la prenez de nos abeilles ou mousches à miel, et mesme aussi le miel avec lequel vous faictes vos confitures. La soye de quoy vous vous vestez, vous la prenez de nos couques* qui la font, comme vous ay récité amplement cy dessus. Le musc, vous le prenez de nous aultres animaulx ; et n'est sinon une superfluité de sang qui se congrège dedans aulcunes apostumes desdictz animaulx. Et quand le musc est perfaict, les apostumes enflent ; et lors lesdictz animaulx s'en vont aux roches aspres et dures, et tant se frottent et grattent que lesdictes apostumes, par le frottement qu'ilz font, tombent en terre, et tous vous aultres filz d'Adam les prenez et les gardez pour faire vos bonnes senteurs. La civette est soeur de nos animaulx, qui se faict entre les cuisses, et vous la mettez sur vos barbes et en vos vestemens. L'ambre est fiante de nos animaulx, et vous vous en parfumez pour oster la puanteur de vostre sueur et ordure. Les perles desquelles vous vous aornez es festes, vous les prenez de nos animaulx de la mer, c'est à sçavoir des nacres.

Comme vous osez - vous donc seulement louer de ce que par raison nous aultres, si nous voulions, nous en pourrions louer avec vérité ? Et regardez, frère Anselme, quelle différence il y a de vostre sang au nostre, de vostre sueur à la nostre, et de vostre fiante à la nostre. Vostre sang, si, après qu'il est sorty de vostre corps, est là ung jour, il pue très fort et faict grande corruption en l'air, tellement que plusieurs fois par telle corruption s'engendre l'épydimie, si le sang est en grande quantité, ainsi que peut advenir par batailles. Nostre sang est musc, lequel vous aultres mettez en vos viandes, breuvages et confitures, et le mettez en vos habillements pour couvrir la maulvaise odeur de vostre puante sueur, laquelle est généralement puante, et si ne l'osiez, il en viendroit plusieurs foys à vous aultres mesme abomination. Notre sueur est cyvette, laquelle vous mettez sur vos barbes. De votre fiante, il n'en fault point parler, car vousmesmes vous en estouppez le nez et vous en vient grand horreur et abomination. De la nostre c'est ambre, lequel vous aultres mangez en plusieurs médecines,

122

et le mettez en boutons d'or et d'argent, affin que vos vestemens ayent bonne odeur. Et ne dy pas seulement que entre nous animaulx sommes de plus grande noblesse et dignité que vous, mais encore les arbres, herbes et plantes, et vous veulx le tout declarer distinctement.

L'Asne dict à frère Anselme comme les hommes sont faictz au contraire des arbres

- Frère Anselme, les meilleurs et plus sçavants filz d'Adam, c'est à sçavoir les philosophes, dient que vous autres estes arbres célestes, arbres renversez (108). Car ainsi comme les arbres terrestres ont et tiennent leurs souches et racines en terre, vous tenez vostre souche, c'est à sçavoir la teste, et les racines, qui sont les cheveulx et la barbe, hault vers le ciel, et les branches de mesme, qui sont les bras, les cuysses et les jambes, avec les rameulx, c'est à sçavoir les doigtz des piedz et des mains ; et du meillieu des branches sort vostre fruict, c'est à sçavoir de la nature de la femme.

Voyez donc, frère Anselme, quelle différence il y a des arbres célestes, qui sont les filz d'Adam, aux arbres, plantez et herbes terrestres. Regardez vous aultres qui estes arbres célestes, quand il advient que par la chaleur du soleil ou du feu, estes eschauffez, quelle sueur sort de vous et quelle odeur elle a. Et regardez les roses, fleurs d'oranges, fleur de meurte, quand elles sont eschauffées par la chaleur du feu en l'alambic, quelle sueur il sort d'elles et quelle odeur elle a.

Davantage, frère Anselme, regardez quelle liqueur il sort de vous aultres arbres célestes, et trouverez qu'il n'en sort sinon l'ordure de l'aureille et des yeulx. Et des arbres terrestres, il en sort ces liqueurs, c'est à sçavoir bausme, huile d'olive, huille de noix, huille d'amende, huille de myrtille, et plusieurs aultres liqueurs, lesquelles ont en elles plusieurs et diverses propriétez et vertus, qui valent à plusieurs et diverses maladies, selon que les docteurs et autheurs en médecine escripvent, lesquelles, si je vouloys particulièrement déclarer, ce seroit chose fort longue.

Davantage, frère Anselme, regardez vous aultres arbres célestes, quelles superfluitez vous jectez de vous mesmes. Vous sçavez desjà que vous ne jectez sinon morve, salyve, urine, ordure et fiante ; et toutes telles superfluictez qui sortent de vous sont puantes et trèsabominables odeurs, et à cela ne povez contredire. Les superfluitez que jectent les arbres terrestres sont nobles et précieuses gommes, ainsi que benjoyn, mastic, encens, myrrhe, huille, résine, et plusieurs aultres, desquelles vous vous parfumez aux festes et banquetz, pour oster la puanteur de vostre sueur. Et pour les grans vertus et propriétez que ont les susdites superfluitez des arbres terrestres, se vendent à grand pris entre les filz d'Adam, car le benjoyn vault souventesfois troys cens livres le quintal, et le mastic cent livres ; et ainsi vallent les aultres plus ou moins. Et quant aux superfluitez dessusdictes, frère Anselme, je vouldroys que vous me dissiés quelles vertus et quelles propriétez elles ont, et à quoy elles sont bonnes, à quel pris elles se vendent et qu'il s'en faict.

Des Fruictz que produysent les arbres terrestres.

Davantage, frère Anselme, cognoistrez les fruictz que les arbres terrestres produysent de leurs corps, lesquelz sont de gentes couleurs, bonnes odeurs et souveraines saveurs. Et bien souvent se portent entre les mains, les odorans et fleurans pour leur délices ; et les mettent en leurs coffres entre leurs vestemens, affin qu'ilz ayent bon odeur, ainsi comme sont oranges, lymons, cytrons, poyres, pommes, et aultres semblables. Et vous aultres, frère Anselme, qui estes arbres célestes, quel fruict produysez - vous de vos corps ? Dictes - moy, pourquoy vous taisez - vous ? Je croy que vous taisez pour la honte que avez de nommer le fruict que produysez. Il ne vous fault jà avoir honte, car tout homme sçayt assez que le fruict que vous produysez et qui est engendré de vostre corps, sont les vers ; et jà que quand vous les pressez, quel jus en sort, sinon boue et sang. Les fruictz des arbres terrestres, quand ilz sont pressez, regardez quel jus il en sort. Le jus des raisins pressez est noble. Et semblablement de l'olive, oranges et lymons, qui mesmement sont fruictz des arbres terrestres, ainsi comme poyvre et aultres espices. Et si je vouloys parler compétemment de cela, ce seroit longue chose.

Davantage, frère Anselme, regardez les arbres terrestres, que non seulement estant vifz, ont vertu et propriétez, mais encore après qu'ilz sont mortz et secz, ont nobles propriétez et vertus, ainsi que voyez tous les jours par claire expérience, comme est l'arbre de aloès, que, après qu'il est mort et sec, l'on vend le quintal souventes fois huict francs. Ainsi mesme l'arbre de sandal, l'arbre de la canelle et plusieurs aultres arbres, desquelz je me tays, pour faire court mon parler. Et vous aultres qui, ainsi comme dictes, estes arbres célestes, après que vous estes mors, quel proffit peut - on faire de vostre corps ? Ne à quoy il est bon ? A quoy vault - il ? Certes à rien. Mais, quand il est vif, est malostru et puant ; et quand il est mort, est encore pire, et s'il n'estoit mis et caché soubz terre, il feroit tant de corruption en l'air qu'il gasteroit le monde.

L'Asne dict le proffit qui s'ensuit des arbres terrestres.

Vous pourrez à ceste heure dire, frère Anselme, que je n'ay nommé sinon les plus nobles arbres qui sont par tout le monde, et que je n'ay pas nommé les arbres de basse condition. Parquoy je vous respond et dy qu'il ne peut avoir au monde arbre de tant vile condition, comme celuy qui ne faict fruict, fleur ne umbrage, lequel n'est bon qu'à faire du feu. Sçachez que du feu qu'il faict, il s'en ensuit beaucoup de proffit et utilité, ainsi comme oster la corruption de l'air, eschauffer ceulx qui ont grand froid, cuire les viandes, faire clarté en l'obscurité et donner vie au monde, car sans feu nul ne pourroit vivre, et le feu mesme ne pourroit vivre au monde, si n'estoient lesdictz arbres.

L'Asne déclare comme entre les filz d'Adam n'y a nulle différence de l'ung à l'autre.

Mais, frère Anselme, parlez aussi vous - mesmes des plus nobles arbres célestes qui soient au monde, ainsi comme est le pape, les roys, les empereurs et aultres princes et seigneurs. Y a il en eux quelque vertu ou propriété plus que aux simples arbres célestes, c'est à sçavoir les filz d'Adam de simple et basse condition ? Et vous verrez clairement que tous sont en ung mesme degré quand aux choses dessusdictes, ny en leur vie, ne après leur mort. Des plus nobles aux plus vilains, n'y a aulcune différence. Donc, frère Anselme, par ceste déclaration, vous peut estre certain et manifeste que noz animaulx sont de plus grande noblesse et dignité que vous n'estes. Et pourtant, si vous avez aultre raison pour prouver le contraire, ayons la et je vous feray la response deue et tant claire que serez comptent.

FRERE ANSELME DICT

18

- Seigneur Asne, l'aultre raison par laquelle c'est chose digne et juste que nous soyons vos seigneurs, et vous nos serviteurs, est que nous avons plusieurs sciences. En espécial avons la science d'astrologie, par laquelle nous sçavons plusieurs choses advenir, et cela est ung degré de dignité divine. Comme soit chose certaine à tout homme que nul ne sçait l'advenir sinon Dieu seul, mais nous, par ladicte science, povons sçavoir, et de faict sçavons plusieurs choses à advenir, car les sçavoir toutes n'appartient sinon à ung seul Dieu. Et en vous aultres n'a rien de tout cela, car vous ne sçavez sinon le présent, et cela vient pour autant que vous estes bestes irraisonnables, c'est à sçavoir sans entendement.

L'ASNE RESPOND A FRERE ANSELME

- Frère Anselme, vostre oultrecuidance vous faict grandement faillir. Pour un peu de science d'astrologie que Dieu vous a donnée, vous avez prins tant d'arrogance et d'orgueil que nul ne peut vivre avec vous. Et comparant ce que vous sçavez de ladicte science à ce qu'en sçavent nos animaulx, c'est vraye mocquerie ; et toutesfois pour cela ne se donnent vaine gloire, ainsi que vous qui, par la prophétie qu'avez faicte, pour ce que tout ce que vous avez mis en ladicte prophétie, ou la plus part, est advenu au monde, avez prins si grand fierté que nul ne vous peut parler. Je vous dy en vérité que non seulement nos animaulx vous surmontent en ladicte science, mais encore moy, qui suis ung des plus malostrus qui soit au monde, me entends mieulx en ladicte science que vous ne faictes. Et vous dy que, quand vostre prophétie me vint n'a pas longtemps entre mains, je pensay d'en faire une aultre de ce qui doibt advenir es parties d'Arragon, Cathelogne, Thoscane, Lombardie, Castille, et aultres provinces. Et voyant en vostre prophétie comme le scisme debvoit passer et debvoit estre vray pape ung de la Colonne. En ce passage au commencement de la prophétie où vous dictes : «Abandonnée, vitupérée sera l'espée qui blanche Rose estoit nommée. Et puis privée de sa couronne sera Provence, par sa puissance, mettre au logis»(109), j'ay voulu sçavoir le faict de ce pape et de cest empereur, et des troys de l'empire, et de Turquie, et coustume et royaume de Lombardie et ce qui adviendroit d'eulx.

L'Asne parle

- Incontinent, frère Anselme, je regardé la disposition du ciel et des planettes, comme ilz se gouvernent ; et de faict, donnant jugement selon la disposition du ciel, je fey une prophétie en ryme, laquelle je sçay toute par coeur, mais pour ne donner ennuy au trèshault et puissant prince le roy nostre Sire, qui est icy présent, m'en veulx taire ; car aussi ne l'entendroit-il pas sans glose. Incontinent que l'Asne eut dict ces parolles, voicy le Roy tout joyeulx dict.

Le Roy dict à l'Asne

- Beau respondant, il nous plaist d'ouyr vostre prophétie, affin que le frère Anselme, voyant vostre subtilité d'entendement, abaisse ung peu la banière de sa gloire. Et ainsi, au nom de Dieu, pensez de la prononcer vaillamment à nous et à nous vénérables et honorables barons.

Après que l'Asne eut ouy ces parolles, incontinent, avec grand audace, parlant fort haultement, commence à dire la prophétie par luy faite en telle manière.

126

Au nom de l'Essence,
Vraye intelligence,
S'ensuit ma science
Ung peu obscure (110).

En nom de la essència
prima intel·ligència,
comença la meu eloqüença
un poç escura.

1

Ce que l'escripture
En sentence obscure
Estoit soubz figure
Se révèle (111).

1

Tot ço que la Escriptura
tenia sots la figura
de bé e de malura
farà la mostra.

2

La sylvestre beste
Hors du lieu foreste
Fera grand tempeste
Au consistoire.

2

La bistia feresta
eixint de la foresta
darà molta tempesta
al consistori.

3

La vertu divine,
Soubz noyre courtine,
Donnera ruyne
A la gent françoise.

3

La gran virtut divina
sots la negra cortina
darà cruel ruïna
a gent francesa.

4

Lors sera soumise
La gent de franchise
Par royalle guyse
d'Angleterre.

4

Lladoncs serà sotsmesa
la dita gent francesa
per la reial noblesa
d'Anglaterra.

5

Mil quatre cens nonante
Règnera l'infante.
La terre dolente
Sera troublée.

5

Mil quatre cents noranta
regnàra la infanta.
La terra, tota quanta,
serà torbada.

6

Par la subjugance,
Laissant l'amystance,
Tournera sa lance
L'isle du feu.

6

Per la gran subjugança,
lleixant l'amistança,
rebellant, pendrà llança
del foc la illa.

7

Sa gent bien unie,
Nuict et jour garnie,
Vaincra la partie
de Catheloigne.

8

Lors la gent lombarde,
Avec gent pillarde,
Sonnera bombarde
Au grand Vicaire.

9

En Ariès signe,
Planète maligne
Fera roy indigne
De sa seigneurie.

10

Le ciel faict offerte
Qu'en faulce couverte
Sera lors déserte
La Cité noire.

11

A la cruelle heure,
Craignant qu'il ne meure(112)
Plus n'aura demeure
En la seigneurie.

12

Soubz un faulx voyage
Donné au message,
Sera faict dommage
Au petit visconte.

13

Le ciel lors commande
Que grand sang s'espande.
De chascune bande
Mourra grand peuple.

7

La sua gent unida
de nit e jorn guarnida
llançarà la partida
de Catalunya.

8

Lladonc la gent llombarda
ab companya pillarda,
darà la [salsa] parda
al gran vicari.

9

Dins Aries lo signe,
la planeta maligna
farà lo rei indigne
de senyoria.

10

Lo cel me fa proferta
que, sots falsa coberta,
lladoncs serà deserta
la ciutat negra.

11

No fuig, si bé demora.
Aicella cruel hora
seràs gitada fora
de senyoria.

12

Sota un fals guiatge
qui es darà al missatge,
serà fet gran damnatge
al poc vescomte.

13

Lo cel veig que comanda
que molta sang s'espanda.
E de cascuna banda
morrà molt poble.

14

Après la bataille,
Loups soubz peau d'ouaille,
Sera lors sans faille
Ung nouveau scisme (113).

14

Aprés la gran pele[i]a,
un llop sots pell d'ovella
farà en la Esgle[s]ia
un novell cisma.

15

L'estoille couronne,
Semblable à Coulonne,
Verra la personne
Hault en l'air.

15

La estela redona,
més semblant de colona,
veurà molta persona
sus alt en l'aire.

16

En rayes variables
Fort espoventables,
Maulx incomparables
Viendront en terre.

16

Gitant raigs variables
e molt espaventables,
los mals incomportables
vindran en terra.

17

Feu courra par l'air,
Sans guères durer.
Lors fault demourer
Soubz les Eglises.

17

Foc correrà per l'aire,
mas no durarà gaire.
Lladoncs prenets repaire
ins les esglésies.

18

Moulches de leur terre
Sortant feront guerre,
Si mon sçavoir n'erre,
En la Bourgongne.

18

Les mosques, de llur terra
eixint, faran gran guerra,
si mon saber no erra,
en la Borgunya.

19

Verrez par merveilles
Batailler estoilles.
Lors pluyes cruelles (114)
Viendront en terre.

19

Veureu ab gran baralla
estels fer batalla.
Lladoncs la cruel plaia
vindrà en terra.

20

Le filz contre père,
Fille contre mère,
La soeur contre frère,
Fera tesmoignage.

20

Veureu fill contra pare
e filla contra mare,
la sor contra son fraire
fer testimoni.

129

21

La haulte (115) puissance
A faict providence
Que la pestilence
Visite la terre.

22

Puis le bon Baptiste,
Soubz guise sophiste,
Fera grand conqueste (116)
En la Turquie.

23

En ladicte terre,
Si mon sçavoir n'erre,
Durera la guerre
Quatorze moys.

24

La hayne antique
A la paix s'applique
Et fermant la ligue,
Feront l'armée.

25

Venant la nouvelle
De gente pucelle,
La vieille rebelle
Sera deffaicte.

26

Le ciel desjà pleure
Celle cruelle heure,
Car plus ne demeure
La grand tempeste.

27

La traiste Chymère,
Après mort le frère,
Maulgré de sa mère,
Sera mariée.

21

La divinal potença
ha feta providença
que el mal de pestilença
vesit la terra.

22

Après del bon Babtista,
sots manera sofista,
serà nova conquista
en la Turquia.

23

En la (des) susdita terra,
si mon saber no erra,
durarà la guerra
catorze mesos.

24

La anemistat antiga
a fer pau se obliga ;
e fermada la lliga,
faran l'armada.

25

E venint la novella
de la bella poncella,
lladoncs la bruta vella
serà desfeta.

26

Lo cel veig que ja plora
aicella cruel hora ;
no fuig, si bé demora,
la gran tempesta.

27

La ribalda trixaire,
après la mort del fraire,
a despit de sa maire,
serà novia.

28

Et passée la feste,
Pour faulce requeste,
Sera grand tempeste
Au royaume.

28

E passada la festa,
per la falsa requesta
serà mal e tempesta
en lo realme.

29

Saturne qui crye
Qu'elle soit bannye,
Et sera marrie
Vingt-six moys.

29

Saturnus veig crida
que sia derenclida,
e sia esmarrida
vint e sis mesos.

30

Lors la vieille mine,
Se monstrant bénigne,
Faulse venenine
Sera au Conte (117).

30

Lladoncs la [v] ella nina,
demostrant [se] beguina
darà falsa canina
al noble comte.

31

Avant le printemps,
Si bien je l'entens,
Feront eaulx courans
Prou de dommage.

31

Ans de la primavera,
Aicella gran riera
farà, après la ribera,
un poc de damnatge.

32

Le ciel nous dénote
Qu'en la terre nostre
Soit nouvelle flotte
de longue guerre.

32

E lo cel me demostra
que en la terra nostra
sia nova emposta
de llonga guerra.

33

Soubz simple doreure,
Sortant de closture,
En paovre vesture,
Celuy grand Conte.

33

Sots cimbell d'oradura,
eixirà de clausura
ab burell vestidura
aicell grand comte.

34

Le grand connestable
Luy estant favorable,
Du lieu misérable
  Le tirera.

34

E lo gran conestable
hi serà favorable
del lloc menys estimable
la traurà defora.

35

L'espouse laissée
Sera bien aornée
Quand son assemblée
    Sera unie.

36

La prophétie mande
Qu'en chef ayt garlande.
De chacune bande
    Sera aymée.

37

Verrez la fortresse
Tourner en foyblesse,
Et pour sa rudesse,
    Sera punie.

38

Lors à tout bannière,
Le duc de Bavière
Aux gens du Saint-Père
    Fera dommage.

39

Emplant vuide bource,
La royalle source (118)
Dedans Sarragosse
    Prendra couronne.

40

Le ciel la tent mue,
Saturne transmue
La faict estre nue
    De seigneurie.

41

Après la journée,
Voyant desrochée,
Sera bien cachée
Vingt-troy moys.

35

L'esposa desmarrida
serà de joi vestida
après sia unida
la sus companya.

36

La profecia manda
que port al cap garlanda
e de cascuna banda
sia amada.

37

Veureu sa fortalesa
en breu tornar flaquesa.
Per la culpa comesa
serà punida.

38

Lladoncs, alçant bandera,
lo gran duc de Bavera
a la gent de sant Pere
farà damnatge.

39

Omplint la buida bossa
la vostra real moça
dins en Sarragossa
pendrà corona.

40

Lo cel no li ajuda
Saturnus la tremuda
faent-la estar muda
de senyoria.

41

Après la cruel jornada,
veent-se derrocada,
estarà amagada
vint e tres mesos.

42

Lors en la verdure,
Gent barbare et dure
Fera son ordure
    Emmy le jardin.

43

Porte vey ouverte,
Terre vey déserte,
Moynes sans offerte
Chantans messe.

44

Le prince des Galles
Volera sans aesles,
En rompant murailles
A la gent Françoyse,

45

Non comme coursaire
Ne propriétaire,
Mais comme vicaire
Du grand Evesque.

46

Cil de Pampelonne
Comme le ciel donne,
Haulcera sa troigne
Contre la France.

47

Si la Catheloigne (119)
Alors ne s'esloigne,
Fault que le roy donne
Pleine leur bourse.

48

Sonnant la campane,
La gent Cathalane,
Armez en la place,
Feront la monstre.

42

Lladoncs en la verdesca
serà l'horrible tresca
de al gent barbaresca
al mig de la horta.

43

La porta veig oberta,
la terra veig deserta,
los frailes sens oferta,
qui canten missa.

44

Volarà sense ales
lo gran prîncep de Gales,
rompent les portes etales
a gent francesa,

45

no pas com a cossari,
ne com a propietari,
mas com a vicari
del major bisbe.

46

E cell de Pampalona,
segons lo cel ordona,
alçarà sa escona
contra la França.

47

La vostra Catalunya,
si d'açò no es llunya,
cové que lo rei munya
la llur gran bossa.

48

Repicant la campana,
vostra gent catalana,
tots armats en la plana
faran la mostra.

49

Verrez la pucelle
Paindre force belle
Pour bonne nouvelle
   D'Angleterre.

50

Le ciel nous enseigne
Que gent de Sardayne
Fault que fort estraigne
Gent Cathalane.

51

Qui perdu auront
Se révolteront ;
Les testes osteront
A deux grans maistres.

52

Les lieux d'habitage,
Par guerre saulvage,
Viendront en l'otage
A celle heure.

53

Et la blanche Rose,
Aux bras de l'espouse,
Fera guerre ordouse
A la vermeille.

54

Et Gennes la gaye,
Frappée de grand playe,
Sera faicte have
Par toute terre.

55

Dessoubz confiance,
Luques prent plaisance,
Faisant la vengeance
La fleur du Lys.

49

Veureu lladoncs la poncella
pintant sa força bella
per la bona novella
de Anglaterra.

50

Segons lo cel m'ensenya,
cové que molt estrenya
cella gent de Sardenya
gent catalana.

51

Seran moltes revoltes ;
après peites e grans coltes ;
seran les testes toltes
a dos grans mestres.

52

Tornarà l'habitatge,
per la guerra salvatge,
[e]los horts, com a boscatge,
en cella hora.

53

E la blanqueta rosa,
al braç de la esposa,
farà guerra e nosa
a la vermella.

54

E Gènova la gaia,
ferida de greu plaia,
serà feta rondaia
per tota terra.

55

Sots bona confiança,
Lucca pendrà pesança,
e farà tal venjança
la flor del llir.

134

56

Et l'aigle mesquine,
Devenant gélyne,
D'ombre léonine
Sera oppressée.

57

Sera subjuguée,
Sera la mesprisée,
Et aura durée
Douze sepmaines (120).

58

Puis estant sortye,
De plusieurs suyvie,
Tiendra la partie
Du grand Empire.

59

La fleur de Florence,
Maistre de prudence,
Par les siens offence
Aura celle heure.

60

Les bras de Collone,
De Eglise couronne,
Haulsera sa troigne
Le grand Empire.

61

Le ciel nous commande
Qu'il fera demande
D'avoir la garlande
De Lombardie.

62

Venise la juste,
Pour requeste injuste,
Fera guerre juste
Contre l'Empire.

56

E l'aguila mesquina,
venint com a gallina,
sots l'ombra lleonina
haura pressura.

57

Estara subjugada
la trista menyspreada.
Son mal haura durada
mija setmana.

58

Puis, realment vestida,
de molta gent seguida,
mantindra la partida
del gran imperi.

59

Lo flori de Florença,
mare de la prudença,
pels seus rebra ofensa
en cella hora.

60

E el braç de la colona
de la Església corona,
alçara sa escona
lo gran imperi.

61

Segons lo cel comanda,
ell fara gran demanda
per haver la garlanda
de Llombardia.

62

Venecia la gaia,
per la nova baraia,
entrara en batalla
contra l'Imperi.

63

Le ciel par sentence
Dict que auront offense
Véronne et Vincence
Par ceulx d'Hongrie

64

Verrez sans saillie,
Selon prophétie,
Aller Lombardie
A feu et flamme.

65

La vefve Toscane
A seigneur profane
Par foy christiane
Sera espousée.

66

Et le grand vicaire,
Pour emplir l'aumoire,
Sera fort contraire
Aux communs.

67

Lors feront grand lygue
Par façon de brigue
A cil qui s'alligue
De la grand chappe.

68

Dieu, par sa puissance,
Peut tollir l'offense,
Révoquer sentence
Des planettes.

69

Affin qu'on n'oublie
Cette prophétie
Qui point ne varie
Par escript soit mise.

63

Lo cel dona senten[ça]
que en breu reban ofense
Verona e Vicença
per cell d'Hongria.

64

Veureu en aquell dia,
sefons ma profecia,
anar la Llombardia
a fonc e a flama.

65

Segons que lo cel mana,
la vidua Toscana,
segons llei crestiana
sera novia.

66

Veureu lo gran vicari,
per omplir son armari,
que vindra molt contrari
a les comunes.

67

Veureu fer la gran lliga.
No pot fugir, si triga,
contra cell qui s'abriga
de la gran capa.

68

Déu, per la sua potença,
pot llavar tal ofensa,
revocant la sentença
de les planetes.

69

La mia profecia
en escrit mesa sia,
car cové que aixi sia
com ella posa.

Fin de la prophétie

136

De la feste que feirent les animaulx pour la prophétie faicte par leur orateur en l'an Mil quatre cens dix-huict

Après que la prophétie fut finée, fut faict ung grand bruit et rumeur de la joye et soulas que donnèrent tous les animaulx, disans : «D'ycy en avant est vaincu frère Anselme, car ceste prophétie est plus vraye et plus subtile que n'est la sienne».

Et après qu'ilz se furent appaisez, l'Asne se tournant vers moy dict les parolles suyvantes.

L'Asne parle à frère Anselme

- Frère Anselme, que vous semble de ma prophétie ?

Et moy, comme celuy qui voyant que ladicte prophétie estoit très bien faicte et bien ordonnée, luy dy ainsi.

Frère Anselme dict à l'Asne

- Seigneur Asne, en vostre prophétie n'a que redire, et est fort subtilement posée et ordonnée, parlant fort obscurément, ainsi comme est la coustume des astrologues, car ilz ne veulent que les jugemens des planettes, lesquelz ilz posent et ordonnent à grand travail d'entendement, soient entendus par les lecteurs sans aulcune fascherie ; car la chose qui par travail est acquise est communément par les gens bien voulue et aymée. Vous priant très humblement que j'en aye une déclaration, car en vérité jamais je n'eusse pensé que en vous eust eu tant de science et d'entendement ; mais Dieu tout puissant donne la grâce à qui luy plaist.

L'Asne dict à frère Anselme

- Très voulentiers, frère Anselme, vous donneray la déclaration par vous demandée, et cela après la disputation finée. Et pourtant, si vous avez aultre raison par laquelle puissiez prover vostre faulse opinion, ayez-la maintenant, et response vous en sera faicte.

- Seigneur Asne, l'aultre raison pour prouver mon opinion estre vraye, c'est à sçavoyr que entre nous filz d'Adam sommes de plus grande noblesse et dignité que vous aultres, si est que Dieu tout puissant a voulu prendre chair humaine, mettant sa haulte divinité avec nostre humanité, se faisant homme, et n'a pas prinse vostre chair ne vostre semblance, mais en long temps s'est faict nostre frère, et s'est faict filz d'Adam, ainsi comme nous autres de la part de la mère, tellement que nostre chair est aujourdhuy colloquée là hault, au ciel impérial (121). Et de ce, disoit sainct Jehan au premier chapitre de son Evangile : «La parrolle a esté faicte chair et a habité entre nous» (122). Et sur cela, disoit sainct Augustin : «La parrolle du Seigneur est le filz du Père» (123), c'est à sçavoir Jésus Christ, qui est le filz du Père éternellement, et filz de la mère temporellement. Et ceste nostre dignité surmonte toute aultre dignité et honneur. Parquoy c'est saincte et juste raison que nous soyons vos seigneurs et vous nos vassaux et subjectz. Et pour ce disoit ce grand prophète le roy David : «Tu as, Seigneur, subjugué toutes choses soubz ses pieds, c'est à sçavoir toutes aultres bestes et animaulx, les oyseaulz du ciel et les poissons de la mer ; disant davantage ledict royal prophète en son 8e *Pseaulme* : «Seigneur, tu l'as constiyué un peu moindre que les anges, tu l'as couronné de gloire et d'honneur, et l'as constitué sus les œuvres de tes mains» (124). Parquoy appert évidemment et clairement que, par toutes ces raisons, nous sommes de plus grande noblesse et dignité que vous aultres, et que de droit et juste équité, nous sommes vos seigneurs et vous aultres animauls nos vassaux, esclaves et subjectz.

L'ASNE RESPOND

- Le proverbe dict, frère Anselme, que du mal que l'homme a peur, de celuy mesme se meurt. Et ainsi vous en prend-il. Car je vous jure en vérité, que toutes les fois que vous me disiez que vous aviez aultre raison pour prouver vostre opinion estre vraye, je me mouroys quasi de crainte que ne disiez ceste raison que à présent avez dicte et assignée, car je la sçavoye bien, sans plusieurs aultres, lesquelles sçay bien aussi autentiques et aussi bien au propos que nulles de celles que vous ayez dictes. Mais il ne vous en souvient, tant il y a de temps que n'avez rien veu ne leu en aulcuns livres de saincte Escripture. Ainsi comme est ceste autorité qui est mise au premier chap. de *Genèse*, qui dict que Dieu tout puissant dict à Adam et Eve : «Croissez et multipliez, et remplissez la terre, et la subjuguez et seigneuriez ; et seigneuriez sur les poissons de la mer, et les oyseaulx du ciel, et sur toutes les choses que ont âme et qui remuent sur la terre» ; et plusieurs aultres, lesquelles de peur de faire ma parolle trop longue, je laisse de prononcer.

Parquoy, maistre très révérend, ne pouvant ne voulant résister, ny contester contre la vérité, je vous accorde que les filz d'Adam sont de plus grand noblesse et dignité que nous aultres animaulx, et que Dieu tout puissant nous a créez pour vostre service, et en cela a faict le bon Seigneur grand honneur à vous aultres, et à nous n'a faict tort ne oultrage, cat toutes ses œuvres sont droictes, justice et vérité.

Après que l'Asne eut dict ces parolles, voicy le Roy des animaulx qui dit les paroles suivantes.

Le Roy des animaux parle à frère Anselme, luy donnant gaigné la question

- Frère Anselme, avant que nous eussions vostre cognoissance et oyant parler de vostre sçavoir et subtilité d'entendement, nous en croyons une partie et l'aultre non. Mais au présent, voyons que tout ce que se disoit et divulguoit par le monde de vostre science et subtil engin est vérité. Parquoy, par raison et vraye justice, vous avez vaincu et gaigné la question. Et nous et tous les vénérables barons de nostre court accordons vostre opinion estre vraye, c'est à sçavoir que entre vous filz d'Adam estes de plus grande noblesse et dignité que nous aultres animaulx, et estes de droict nos seigneurs, et nous aultres vos vassaulx. Et cela est pure vérité que le soleil mal se peut couvrir avec le crible (125). Vous priant et suppliant de tout nostre povoir qu'il vous plaise prescher, dire et admonester aux filz d'Adam que les pouvres de nos animaulx leurs soient recommandez, car ilz en auront mérite de celuy qui vit et règne par tous les siècles.

Et cela dict, il se partit dudit jardin avec tous les animaulx. Et moy, chevauchant avec grand plaisir et consolation, pour la question que j'avoye gaignée, m'en retournay en ma maison.
Grâces à Dieu. Amen.

Icy fine la disputation de frère Anselme avec les animaulx, ausquelz frère Anselme monstre par vives raisons que les filz de nostre père Adam sont de plus grande dignité et noblesse que ne sont les animaulx.

Et fut achevée la disputation dessusdicte par ledict frère Anselme Turmeda, en la cité de Thunicz, le quinziesme jour de septembre, l'an mil quatre cens dix-huict.

FIN DU PRESENT TRAICTE

NOTES DU TEXTE

1 - Distraction ou erreur de traduction ? Il pourrait s'agir de *canneliers*, oiseaux dont parlent Aristote (*Hist. des animaux*, IX, 13) et Pline (*Hist. nat.*, X,50).

2 - Aristote, *De la génération et de la corruption*, notamment livre II, chap.10-11. Idée qu'on retrouve chez Macrobe, avec référence à Virgile (*In sommium Scipionis*, II, 12).

3 - Cagliari, résidence du gouverneur aragonais.

4 - Lui feront croire ce qu'ils voudront, même les choses les plus absurdes.

5 - Les choses pouvaient mal tourner.

6 - Denys Caton, *Distiques*, II, 4 : «Impedit ira animum, ne possit cernere verum». Cité par Nicolau Pachs, *Doctrina moral* : «Diu Cato que ira empatxa lo coratge que no pot conexer veritat» (*Coleccion de doc. ineditos del Archivo de la Corona de Aragon*, XIII (Barcelone 1857), p.200).

7 - St Paul, *Épître aux Romains*, 5, 3-4 : «La tribulation produit la constance, la constance la vertu éprouvée, la vertu éprouvée l'espérance».

8 - Argumentation différente dans *Propriétaire*, V, 1 : «Les membres sont ensemble conjoinctz par une merveilleuse proportion, car les grands son[t] couplez aux petitz et les petitz aux grands par les nerfz et aultres lyens convenables» (fol. 26v).

9 - *Juste* étonne ici.

10 - *Genèse*, 1, 25.

11 - Finalité de la création : idée tirée de la Bible.

12 - *Nombres*, 22, 21-35.

13 - Voir Introduction, par. 3.

14 - *Propriétaire*, XII, 36 (fol. 108v).

15 - *Propriétaire*, XII, 16 (fol. 106r).

16 - Ne vous vantez pas de masquer la vérité par de faibles raisons.

17 - A rapprocher du conseil de Plutarque : «Pensez deux fois avant de parler une, et vous parlerez mieux».

18 - De leur *roy* (et non de leur *reine*). Erreur ancienne, qui remonte au moins à Aristote (*Hist. des animaux*, V, 18) et qu'on retrouve dans *Propriétaire*, XI, 5 (fol. 103v) ; XVIII, 10 (fol. 181v).

19 - *Proverbes*, 6, 6 - 8. *Propriétaire*, XVIII, 51 (fol. 190v).

20 - *Malvesie* : malvoisie ; *romanie* : vin des Castelli romani ; *bastard* : vin muscat; *hypocras* : vin additionné de sucre et d'épices ; *vernasse* : vernaccia, vin doux de Sardaigne et d'Italie continentale ; *rosette* ?

21 - Vous êtes sot, niais, faible d'esprit.

22 - Vous avez l'esprit dérangé.

23 - Décalogue (*Exode*, XX, 3 - 17) et Loi nouvelle (*Matthieu*, VI, 19 - VII, 20).

24 - Proverbe français répertorié par Ch. Cahier (*Quelque six mille proverbes*, Paris, 1856), sous le n. 1268.

25 - *Isaïe*, LVIII, 6 - 9.

26 - A commencer par Moïse dont la mission est de révéler les prescriptions de Dieu (*Exode*, 20 - 22, 19).

27 - Etre un peu doux de sel (voir ci-dessus n. 21). Etre léger de poids : même sens.

28 - *Matthieu*, 6, 26.

29 - Proverbe d'origine inconnue.

30 - Phrase proverbiale à rapprocher de «Un bienfait n'est jamais perdu».

31 - *Propriétaire*, XVV, 5 : «Les mousches [à miel] eslisent pour leur roy le plus grand et le plus fort et le plus debonnaire qui soit entre elles, car il n'a point d'aguillon (fol. 103v).

32 - *Propriétaire*, XII, 16 (fol. 106r).

33 - Ilz font du service   ils congédient (?).

34 - Alphabet de 23 lettres, en catalan ancien : le *k* et le *w* n'existant pas, le *u* et le *v* comptant pour une seule lettre.

35 - *Maulvais* pour *Gentilz* (?).

36 - *Infinitz* pour *Infidèles* (?).

37 - Proverbe espagnol répertorié par Ch. Cahier (*ouv. cité*), sous le n. 3430 : «Do fuerza viene, / El derecho se pierde».

38 - Sur l'habileté des abeilles, *Propriétaire*, XVIII, 10 (fol. 181v - 182v).

39 - Sur celle des araignées, *ibid.*, XVIII, 9 (fol. 181r - v).

40 - *Ibid.*, XII, 22 (fol. 109r).

41 - Dans l'édition de 1544, cette phrase figure, sans doute par erreur, après la conclusion.

42 - Proverbe français répertorié par Ch. Cahier (*ouv. cité*), sous le n. 245.

43 - Proverbe d'origine inconnue.

44 - «Si kieres ke digan bien de ti, no digas mal de ninguno» : proverbe espagnol répertorié dans Gonzalo Correas, *Vocabulario de refranes y frases proverbiales*, texte établi, annoté et présenté par L. Combet (Bordeaux, 1967), p. 285.

45 - Voir ci-dessus, note 12.

46 - Légende tirée des Evangiles apocryphes.

47 - *Matthieu*, 21, 1 - 10 ; *Marc*, 11, 1 - 7 ; *Luc*, 19, 30 - 36 ; *Jean*, XII, 14 - 15.

48 - Proverbe d'origine inconnue.

49 - Denys Caton, *Distiques*, I, préface : «Legere enim et non intelligere negligere est».

50 - *Ecclésiaste*, III, 21.

51 - *Matthieu*, XX, 16 ; XXII, 14.

52 - *Psaumes*, XV, 1.

53 - Voir ci-dessus note 24.

54 - *Genèse*, I, 26.

55 - Voir Introduction, par. 1.

56 - *Propriétaire*, VIII, 1 : «Le monde de qui participe avec l'un ₌ [le monde invisible] et l'autre :[le monde sensible] c'est l'homme que le philosophe appelle minor mundus» (fol. 76r). Voir Introduction, note 61.

57 - On lit : *le temps d'authonne*, sans doute une distraction.

58 - *Propriétaire*, III, 13 : «L'ame raisonnable entre toutes les creatures est expressement representative de l'ymage et semblance de Dieu, et cecy est pour tant qu'elle est triple en puissance de Dieu, et une et simple en nature» (fol. 14v).

59 - *Sainct Marc à la semblance de la seule victoyre* : formule curieuse pour désigner le lion ailé, emblème de l'Evangéliste. Matthieu n'est pas cité, car son emblème est l'homme.

60 - *Que je vous chante vostre leçon* : que je vous dise votre fait.

61 - *Chargez le bât* : en dire beaucoup, et peut-être trop.

62 - *Donner eschec pour roch* : faire échec à la tour, au jeu d'échecs. Ici, abuser de.

63 - *Avoir le bec jaune* : être naïf, ignorant, sot.

64 - *Font bonne buée sans lessive* : arrivent sans mal à leurs fins.

65 - *Qui dict mal le veult ouyr.* C'est exactement le contraire que dit le proverbe espagnol répertorié dans Gonzalo Correas, *ouv. cité*, p. 416 : «Kien mal dize, mal a de oir».

66 - Dans le texte, on lit : *Isle*.

67 - Au lieu de *Juliol*, on trouve désormais *Juliot* dans le texte.

68 - Sotte, niaise (voir ci-dessus, note 27).

69 - Voir ci-dessus, notes 21 et 27.

70 - Faits connus et rapportés dans la *Doctrina moral* de Nicolau Pachs (Voir Introduction, note 80).

71 - *Donner des vessies pour des lanternes* (au lieu de : *Prendre* des vessies ...), c'est faire croire des choses absurdes.

72 - *Quand tu verras la barbe de ton voysin brusler, metz la tienne en saulveté* (en sécurité) : proverbe d'origine inconnue.

73 - *Donnèrent eschec pour roch* (voir ci-dessus, note 62) : rendirent la pareille.

74 - Dans le texte, *Kyrielles* pour *Kyrie*.

75 - *Ecclésiastique*, XXXVIII, 1.

76 - «*Episcopi Nullatenses*, nullus sedis, qui carent clero et populo» (Du Cange)

77 - *Mauvaise chappe couvre souvent bon buveur* : sous un aspect misérable se cache souvent un bon vivant. Cf. L'habit ne fait pas le moine.

78 - Sans doute des prédicateurs de salons, appelés ainsi par dérision.

79 - Voir ci-dessus, note 76.

80 - Dans le texte : *Tortose*, par erreur. Tortose est à quatre-vingts kilomètres de Tarragone, tandis que Cambrils n'en est qu'à une quinzaine.

81 - *Du mal dont on a peur, on meurt* : quand on craint un malheur, il ne manque pas d'arriver. Proverbe d'origine inconnue.

82 - *Cheminer à trenche col* : marcher à perdre haleine.

83 - Dans le texte : *curé*, par erreur.

84 - Plutôt mourir content que vivre mécontent. Proverbe d'origine inconnue.

85 - La correction du frère prêcheur suivra de près celle du frère mineur, comme le jour des Sts Innocents (*28* déc.) et le jour des étrennes suivent de peu Noël.

87 - *Bas devant* ꞁ faible d'esprit. (*Devant*, sans doute pour *devens* (lat. de at intus ; intérieurement).

88 - *Propriétaire*, XII, 19 (fol. 106v - 107r).

89 - *Pour tout l'avoir* **:** pour tout l'or ; *c'est à l'heure* **:** c'est alors. Peut-être mauvaise trad. du catalan : *or* se disant *aur* et *alors* se disant *aleshores* (cf. *illa hora*, en latin).

90 - *Propriétaire*, XII, 35 (fol. 108v).

91 - *Ibid.*, XVIII, 43 (fol. 189v).

92 - *Ibid.* XII, 2 (fol. 102v).

93 - *Ibid.*, XVIII, 17 (fol. 183v - 184r).

94 - *Ibid.*, XVIII, 27 (fol. 186r).

95 - Le *pinet*, sans doute le *pivert*. Même remarque chez Rabelais (*Quart livre*, chap. 62), avec référence à Démocrite et Théophraste, déjà cités par Pline (*Hist. nat.*, X, 20). Mais l'herbe en question n'est identifiée par aucun de ces auteurs.

96 - *Propriétaire*, XII, 22 : « [Aristote dit] que quand on crève les yeulx aux faons de l'Aronde, les yeulx leur reviennent, car la mère quiert une herbe qu'on appelle Celidoine, du jus de laquelle elle oingt les yeulx de ses faons et tantost ilz sont gueris» (fol. 107r).

97 - *Propriétaire*, XVIII, 72 : «Si ses faons en aucun cas sont blecez ou tuez au nid, elle les guerist et les ressuscite d'une herbe, comme dit Plinius. La mustelle mange de la Rue et puis s'en frotte, et s'en va plus hardiment combattre contre le Basilique et entre en sa fosse et le tue, comme dit Plinius au douziesme chapitre de huytiesme livre» (fol. 194r). Dans la *Dispute*, il est question de *rue* et de *pennical*. Ce dernier (du catalan *panical*) pourrait être le *panicaut*, ombellifère épineuse dont la racine charnue ressemble à celle de la mandragore. Mais, sur le même sujet, Brunetto Latini parle de *fenouil* (lat. *feniculum*) : «Quant elle **:** [la belette] se combat a la coluevre, ele se torne sovent au fenoil, et le manguë par la paour du venin» (*Livre dou Tresor*, I, chap. 178, éd. par F. J. Carmody (Genève, 1975), p. 158).

98 - *Propriétaire*, XVIII, 28 : «Le cerf nous donna premierement cognoissance d'une herbe qu'on appelle Diptane, car par manger de ceste herbe il jette

dehors de sa playe le fer de la sagette dont le veneur l'a feru» (fol. 186r). Même remarque chez Rabelais (*Quart livre*, chap. 62). Remarque qui a pour origine Pline (*Hist. nat.*, XXV, 5) et qu'on retrouve chez Isidore de Séville (*Etymologies*, XII, 1, par. 18). Mais ici, dans la *Dispute*, il est question d'*orboys*, probablement *arbois*, c'est-à-dire *arbousier*.

99 - *Propriétaire*, XII, 9 (fol. 105r).

100 - *Ibid.*, XII, 31 (fol. 108r).

101 - *Ibid.*, XVIII, 9 (fol. 181r - v).

102 - *Ibid.*, XII, 16 (fol. 106r).

103 - *Ibid.*, XII, 17 (fol. 108v).

104 - Membre de phrase sauté.

105 - *Ibid.*, XVIII, 23 (fol. 184v - 185r).

106 - Isidore de Séville, *Etymologies*, XII, 6, par. 51.

107 - Voir ci-dessus, note 65.

108 - Les hommes, arbres renversés : c'est une idée courante au Moyen Age. *Propriétaire*, V, 2, y fait seulement allusion : «Quand le chief qui est racine de tout le corps est bien disposé et bien ordonné, tout ce qui est dessouz luy en vault mieux» (fol. 27v).

109 - Prophétie de 1405, vers 101 - 111 : «Abandonada,/ vituperada / sera la sposa / qui blanca rossa / era nomenada. / He pus privada / de sa corona / sera Provença : / ab sa potença / metra en cassa. (R. d'Alòs, *Les profecies d'En Turmeda*, «Revue Hispanique», XXIV (1911), p. 484).

110 - Ce quatrain d'introduction est mal traduit. Pour suivre exactement le texte catalan, il faudrait dire : «Au nom de l'essence, / *première* intelligence / *commence mon éloquence* / un peu obscure». D'autres erreurs de traduction se feront jour dans les quatrains suivants. Seules, les plus importantes seront mentionnées. A noter que Turmeda nous à laissé, sous le titre de *Declaració de la profecia de l'Ase* (reproduite dans A. T., *Disputa de l'Ase*, Barcelone, 1928, p. 199 - 207), un commentaire, quatrain par quatrain, de son «éloquence un peu obscure».

111 - Traduction exacte : «Tout ce que l'Ecriture / tenait sous la figure / du bien et du mal / se révèlera».

112 - Traduction des deux premiers vers : «Ne fuit pas, mais demeure. / A cette cruelle heure ...».

113 - Traduction exacte du quatrain : «Après la grande bataille, / un loup sous peau d'ouaille / fera dans l'Eglise / un nouveau schisme».

114 - «*Pluies* cruelles», pour «*plaie* cruelle».

115 - *Haulte* pour *divine*.

116 - Traduction exacte : «*Après* le bon Baptiste, / sous manière sophiste, / *sera nouvelle* conqueste».

117 - Traduction exacte du quatrain : «Lors la vieille fillette, / se montrant bigote, / donnera fausse canine / au noble comte».

118 - «*La* royalle *source*», pour «*Votre* royale *fille*».

119 - «*Si la* Catalogne», pour «*Votre* Catalogne». L'âne s'adresse à frère Anselme, Catalan (Voir Introduction, note 86).

120 - Au lieu de «Douze semaines», il faudrait «Une demi-semaine», soit, en réalité, une demi-année ou vingt-six semaines. En effet, commentant ce quatrain dans sa *Declaració*, Turmeda explique qu'il s'agit d'une demi-semaine de Daniel, pour lequel une semaine représentait un an (*Daniel*, IX, 2, 24).

121 - Le ciel impérial ou empyrée.

122 - *Evangile selon saint Jean*, I, 14.

123 - Sur saint Augustin, voir Introduction, note 67.

124 - *Psaumes*, VIII, 6 - 9 : «Tu l'as fait de peu inférieur à un Dieu». Le reste de la citation est exact.

125 - La vérité (le soleil) ne peut être masquée par de faibles raisons (le crible). Voir ci-dessus, note 16.

GLOSSAIRE

Appoincter, se retrouver, se réunir (cat. *apuntar*).
Assaudre, assaillir, attaquer (cat. *assaltar*).
Attrempé, tempéré (anc. cat. *atrempat, atemprat*).
Aumoire, armoire (lat. *armarium*, cat. *armari*).

Baillie, autorité, pouvoir (lat. *bajula*).
Bas devant, faible d'esprit (cf. n. 87).
Bastard (vin), vin muscat.
Bastier, portefaix (cat. *bastaix*).
Bayard (cheval), cheval bai (cat. *bai*).
Brigue, querelle, rixe (cat. *brega*).
Brusc (vin), vin âpre (cat. *brusch*) (cf. Rabelais, V, 27).
Buée, lessive (cat. *bugada*).

Cameline, sauce aux épices (cat. *camelina*).
Cappe, manteau (cat. *capa*).
Carcelle, escarcelle (?) (ital. *scarsella*, cat. *escarsella*).
Caver, creuser (lat. *cavare*, cat. *cavar*).
Cavillation, idée astucieuse (cat. *cavillacio*).
Champ, campagne, plaine (cat. *camp*).
Chartre, prison (cat. *carcer*).
Chère (bonne), bonne figure (cat. *cara*).
Cocu, coucou (cat. *cucut*).
Concréer (se), s'amasser (cat. *concregar*).
Couque, ver (à soie) (cat. *cucut*).
Couvrir (se), se cacher (lat. *cooperire*, cat. *cubrir*).
Cranc, crabe (lat. *cancer*, cat. *cranc*).
Cyron, pustule de la gale (bas lat. *sirio*) (V. Rabelais, II, 1).

Décliquer, débiter.
Déporter (se), se dispenser de (cat. *deportar*).
Dilation, délai (cat. *dilacio*).

Embrener, souiller de *bren*, excréments (lat. pop. *brennum*) (cf. Rabelais, IV, 67).
Engin, talent naturel, habileté (lat. *ingenium*, cat. *enginy*) (Id., II, 27).
Engins, instruments.
Enseigne, indication, signe (cat. *ensenya*).
Esmerillon, petit faucun (cat. *esmerenyon*).
Estoupper, boucher (cat. *estopar*).

Estre, jardin (lat. *extera*).

Facteur, agent commercial (cat. *factor*).
Formion, petite fourmi (lat. *formicula*).

Grenaulx, pour *gournaulx* (?), plur. de *gournal* (fr. act. *gournau*), grondins.
Grever, nuire à (lat. *gravare*, cat. *gravar*).
Gringoter, fredonner (cat. *grinyolar*).
Grivelé, taché de noir et blanc (de *grive*, cat. *griva*).

Hoir, héritier (lat. *heres*, cat. *hereu*).

Langouste, sauterelle (cat. *llagosta*) (cf. Introd., n. 56).
Larigot, petite flûte (peut-être du lat. *arinca*, Littré).
Linceul, drap de lit (lat. *linteolum*, cat. *llensol*).
Lodier, couvre-pied, couverture (lat. *lodix*).
Luberne, panthère (lat. *leopardus*, cat. *lleopard*).

Mâchelière (dent), molaire, de l'anc. fr. *maissele* (Littré).
Marteaulx, molaires (?) (cf. n. 45).
Mauvis, mouette (francique *mauve*).
Meslier, néflier (lat. pop. *mespila*, cat. *nespler, mesprer*).
Mustelle, belette (cat. *mostela*).

Notice, connaissance   nouvelle (lat. *notitia*, cat. *noticia*).

Orboys, pour *arbois*, arbousier (cat. *arbos*).
Ordous, ignoble, infâme (lat. *horridus*).
Ortuailles, légumes (cat. *hortalissa*).
Oultrance, (à), de force, par violence (cat. *a ultrança*).

Pache, pacte, convention (lat. *pactum*, cat. *pacte*).
Pennical, panicaut (cat. *panical*) (n. 97).
Pertinacité, obstination (lat. et cat. *pertinacia*).
Piteux, compatissant (lat. *pietosus*, cat. *pietos*).

Quarre, côté, face (lat. *quadra*, cat. *caira*).

Redunder, rejaillir, retomber (cat. *redundar*).
Reumatique, rhumatisant, humide (lat. *rheumaticus*, cat. *reumatic*).
Roigne, *roigneux*, gale, galeux, (cat. *ronya, ronyos*).

Sagette, flèche (lat. *sagitta*, cat. *sageta*).

Scarabot, scarabée, bousier (lat. *scarabaeus*, cat. escarabat*)*.
Suppéditer, dominer (lat. *suppeditare*).

Tabutement, vacarme (cat. *tabust, tabustoll*).
Taille pigeons, malin, rusé.
Thongre, congre (?).
Tiltre, pour *tistre*, tisser (lat. *texere*, cat. *teixir*).
Tournette, sorte de dévidoir qui dévidait en écheveaux (cat. *aspi, àspia*).

Truage, tribut, redevance (lat. *tributum*).
Trupelu, pelé (?), misérable (?).

Verm, ver (lat. *vermis*, cat. *verm*) (cf. Rabelais, IV, 26).
Vernasse, vernaccia (vin doux italien).
Vitupère, affront, offense, honte (lat. *vituperatio*, cat. *vituperi*).

INDEX DES NOMS PROPRES ET DES OEUVRES

BIBLIOGRAPHIE

1 - Editions de la Dispute et de la Prophétie de l'âne

En français :
- *Disputation de l'asne contre frere Anselme Turmeda,* Lyon, s. d. (1554). Un exemplaire à la B.N. de Paris : Rés. Y2 E883. (Texte reproduit par R. Foulché-Delbosc, «Revue Hispanique», XXIV (1911), p. 360 - 479).
- *La Dispute de frere Anselme Turmeda avec le roy des animaux,* Lyon, s. d.
- *La Disputation de l'asne contre frere Anselme Turmeda,* Lyon, 1548.
- *La Dispute d'un asne contre frere Anselme Turmeda,* Pampelune [꞊ Paris] 1606.

En catalan :
- *Llibre de la Disputacio de l'asne,* texte reconstitué par L. Destany, Barcelone, 1922.
- *Disputa de l'Ase,* Introd. par Marçal Olivar, Barcelone, 1928 (Trad. de la première éd. française).
- *Jordi Rubio, Un text català de la Profecia de l'Ase de fra Anselm Turmeda,* «estudis Universitaris Catalans», VII (1913), p. 9 - 24 (reproduit dans l'éd. ci-dessus p. 180 - 191, avec le commentaire de Turmeda, p. 199 - 207).

2 - Editions des autres œuvres de Turmeda

En français :
- *Le Présent de l'homme lettré,* trad. et avant-propos de Jean Spiro, Paris, 1886
- *Autobiographie d'Abdallah ben Abdallah le Drogman* (rééd. de l'avant-propos et des deux premiers chapitres du *Présent*), Tunis, 1906.

En catalan :
- Alös (R.d.), *Les profecies d'en Turmeda,* «Revue Hispanique», XXIV (1911), p. 480 - 496.
- Bernat Metge - Anselm Turmeda, *Obres minors,* Barcelone, 1927.

En espagnol :
- *Tuhfa. Autobiografia y polémica islamica contra el cristianismo, de Abdallah al-Tarchuman (fray Anselmo Turmeda),* trad. et commentaire de M. de Epalza Rome, 1971.

3 - Etudes :

- Aguilo (E.), *Fray Anselmo Turmeda*, «Museo Balear», I (1884-1885), p. 99-100.
- Asin Palacios (M.), *El original arabe de la «Disputa del Asno contra fr. Anselmo Turmeda,* «Revista de Filologia Española», I (1914), p. 1-51 (reproduit dans *Huellas del Islam,* Madrid, 1941).
- Bohigas (P.), *Profecies de fra Anselm Turmeda*, «Butlleti de la Biblioteca de Catalunya», VI (1920-1922), p. 38-40.
- Calvet (A.), *Fray Anselmo Turmeda, heterodoxo espanol,* Barcelone, 1914.
- Epalza (M. de), *Nuevas aportaciones a la biografia de fray Anselmo Turmeda (Abdallah al-Tarchumân),* «Analecta Sacra Tarraconensia», 38 (Barcelone 1965), p. 87-158.
- Guy (Alain), *La pensée ambiguë de Turmeda, l'islamisé,* dans *Philosophes ibériques et ibéro-américains en exil,* Publ. Univ. Toulouse - Le Mirail, 1977, p. 11-56.
- Marfany (J.-L.), *Ideari d'Anselm Turmeda,* Barcelone, 1965.
- Miret y Sans (J.), *Vida de Fray Anselmo Turmeda*, «Revue Hispanique», XXIV (1911), p. 261-296.
- Pou (J.M.), *Sobre fray Anselmo Turmeda*, «Boletin de la Real Academia de Buenas Letras de Barcelona», VII (1913-1914), p. 465-472.
- Raimondi (A.), *Les profecies di Anselmo Turmeda*, «Archivo storico per la Sicilia orientale», XI (1914), p. 232-249.
- Riber (L.), *Un Anti-Lulio*, «Boletin de la Academia Española», avril 1932, p. 249-259.
- Riquer (M. de), *Anselà Turmeda*, dans *Historia de la Literatura Catalana*, t. II (Barcelone 1964), p. 265-308.
- Samso (J.), *Turmediana*, «Boletin de la Real Academia de Buenas Letras de Barcelona», XXIV (1971-1972), p. 51-85.

TABLE DES MATIERES

Imprimerie de la Manutention à Mayenne – 30 mai 1984 – N°8717